NOTICES
ET
PORTRAITS

PAR

JULES SIMON

CARO

LOUIS REYBAUD — MICHEL CHEVALIER

FUSTEL DE COULANGES

PARIS

CALMANN LÉVY, ÉDITEUR

RUE AUBER, 3, ET BOULEVARD DES ITALIENS, 15

A LA LIBRAIRIE NOUVELLE

—

1893

NOTICES ET PORTRAITS

NOTICES

ET

PORTRAITS

PAR

JULES SIMON

CARO

LOUIS REYBAUD — MICHEL CHEVALIER

FUSTEL DE COULANGES

PARIS

CALMANN LÉVY, ÉDITEUR

ANCIENNE MAISON MICHEL LÉVY FRÈRES

3, RUE AUBER, 3

1892

PRÉFACE

Dans les deux volumes de notices que j'ai publiés précédemment, j'avais eu soin de réunir des écrivains qui appartenaient à certaines catégories : Thiers, Guizot, Rémusat étaient trois hommes d'État; Mignet, Michelet, Henri Martin, trois historiens. J'ai encore la matière de deux volumes, en comptant celui-ci; mais ils n'ont plus, je l'avoue, la même unité. Je mettrai, dans l'un, le discours que j'ai prononcé, après la Commune, pour la rentrée de l'École normale ; deux discours prononcés au nom de l'Académie

française, l'un au centenaire de Lamartine, à Mâcon ; l'autre à l'inauguration de
la statue de J.-J. Rousseau, au Panthéon.
Peut-être me laisserai-je aller au plaisir mé-
lancolique d'y placer les silhouettes de quelques écrivains contemporains, qui ont été
les grands hommes du jour et les oubliés du
lendemain.

Je réunis aujourd'hui Caro, un philosophe,
Louis Reybaud, un moraliste satirique, Michel Chevalier, un économiste, et Fustel de
Coulanges, un historien. Quel que soit celui
dont j'étudie les livres, je trouve toujours le
moyen de revenir, en philosophie, au spiritualisme, en politique, à la liberté. Les
hommes changent, et donnent un peu de
variété à ces tableaux. Le fond des idées ne
change pas.

Caro me disait un jour: « Nous avons des
confrères dont on se souviendra pendant un
quart de siècle ; mais nous autres, nous ne
pouvons guère compter que sur quatre ou

cinq années. » Cette sentence était un peu dure « pour nous autres » ; elle était fort injuste pour lui.

Sans doute, il y a des hommes qui font beaucoup de bruit pendant leur vie, et qui passent sans transition de la popularité au néant. C'est que les événements les ont portés, et qu'ils ont déployé, dans l'administration de leur renommée, une habileté qui leur a manqué dans la composition de leurs ouvrages. Mais le souvenir des hommes qui ont charmé, éclairé ou guidé leurs contemporains dure bien plus longtemps que ne le disait Caro dans sa modestie.

Je le prends lui-même pour exemple. Sans doute, à mesure que ses contemporains disparaissent, on oublie ses grandes qualités de causeur, l'éloquence tour à tour élevée et familière qu'il déployait dans sa chaire, et la place considérable qu'il a tenue par la netteté de ses analyses et la fermeté de ses convictions, dans le haut enseignement. J'espère que je ferai durer un peu plus longtemps cette figure à la fois triste et souriante; mais son œuvre conservera son importance pour l'histoire des mœurs et des idées de 1860 à 1880. On a dit avec raison que ceux qui ont étudié ses livres de plus près sont ceux qui en font le plus de cas; c'est la marque d'un talent de bonne qualité, d'une qualité durable. En reprenant un livre de lui au bout de vingt-cinq ans, on n'a pas l'impression de lire un livre suranné. C'est toujours l'homme de bon sens et de sens aiguisé, qui ne se laisse égarer ni par les sophismes du monde, ni par ceux d'une science prétendue. Il est sans doute d'une école, mais il est surtout lui-même. On sent un homme.

Pauvre cher Caro! Il aimait à aimer, ce qui suffit pour faire une nature aimable. Faut-il le dire? Il n'aimait pas avec obstination; il y avait des oscillations, qui tenaient en partie à ce qu'il ne savait pas feindre. On lui en voulait quelquefois; et quand on l'a perdu, il s'est trouvé que tout le monde l'aimait et le regrettait. Il a laissé un grand vide dans l'École et dans le monde. J'ai été son professeur à l'École normale. Il avait dix-sept ans quand je l'ai connu. Notre amitié a duré jusqu'à sa mort.

Il me reste beaucoup de lettres de lui; mais toutes ces lettres, qui contiennent des détails intéressants pour lui et pour moi, seraient sans attrait pour ceux qui ne l'ont pas connu dans l'intimité. Voici devant moi une bien ancienne lettre où il me parle de ses études sur Swedenborg. Il avait choisi pour sujet de thèse française saint Martin, *le Philosophe inconnu*, et il rêvait de faire sa thèse latine sur Swedenborg pour rester dans le même ordre d'idées. Mais l'analogie des doctrines, qui d'abord l'avait attiré, fut précisément ce qui le fit changer d'avis. « Cela ferait double emploi, m'écrivait-il, et je crois avoir épuisé dans ma thèse française les critiques essentielles qui feraient le fond de ma thèse latine. Je suis revenu à un sujet sur lequel j'ai beaucoup de notes : la théorie du Bonheur dans l'école stoïcienne et dans le christianisme, comparaison du *De vitâ beatâ* de Sénèque et du *De vitâ beatâ* de saint Augustin. Je crois que la comparaison de ces deux petits traités est un sujet assez fécond, et que je réussirai à en faire quelque chose. Je relirai votre *Étude sur Sénèque*, et comme Sénèque m'est familier depuis plusieurs années, je ne désespère pas de faire rapidement sur ce sujet un travail court, mais assez substantiel. » Cette préoccupation « de faire rapidement » étonne chez lui au premier abord. Il tenait à bien faire, et non à faire vite. Mais à la date de cette lettre, il se hâtait d'être docteur, parce qu'il voulait quitter l'enseignement des collèges pour celui des facultés. On créait alors des facultés nouvelles, celle de Douai notamment, dont il inaugura la chaire de philosophie.

Je trouve aussi dans mes papiers une lettre écrite à propos de ma démission ou de ma révocation en 1852, je ne sais trop comment appeler cela : je fus révoqué pour avoir refusé de prêter serment. Dirai-je qu'il y avait dans ce moment-là une sorte de courage à m'écrire dans les termes où il le fit? La lettre n'était pas destinée à être rendue publique; mais je pouvais la montrer à un ami, et cette confidence pouvait le perdre. Ceux qui n'ont pas vécu dans des temps pareils auront peine à comprendre ce que je dis là, et ceux qui les ont vus, qui en ont souffert trouveront peut-être que j'exagère, tant il nous est difficile d'échapper au train ordinaire de la vie, et de voir autre chose que ce que nous avons l'habitude de voir.

Voici cette lettre qui est du 18 avril 1852:

« Monsieur et bien cher maître,

» J'apprends par mon ami Charles G***, que j'avais chargé de vous remettre ma thèse, deux nouvelles qui m'ont bien diversement affecté : la première, c'est que vous avez donné votre démission, la seconde, c'est que vous serez assez bon pour vous charger de l'examen de ma thèse. Je ne pouvais avoir un juge plus sympathique et plus aimé. Ce que je désirais le plus sur ce point, je l'ai donc obtenu.

» L'autre nouvelle m'a fait beaucoup de peine. Vous nous quittez définitivement. Vous abandonnez l'Université. Je sais qu'il n'en pouvait être autrement; mais je le déplore, et c'est un des regrets les plus vifs que j'aie eus de ma vie. Je vois s'éloigner de l'Université un homme qui, comme vous, l'honorait par son intelligence, et la faisait aimer par cette sympathie qui rayonne autour de vous. Bien des consciences souffrent et gémissent comme la vôtre aurait gémi et souffert. Bien des professeurs vous envieront cette courageuse décision, que tous malheureusement ne peuvent pas prendre. Des temps meilleurs viendront, j'en suis sûr, où cette démission que vous donnez, vous pourrez la reprendre avec éclat, et où il aura été glorieux pour vous d'être tombé avec l'Université. »

J'ai cédé au plaisir de publier cette oraison

funèbre. On le pardonnera à un homme qui est expérimenté en ces matières, et qui a eu une longue vie en trois abdications.

Plusieurs années après, Caro resta quelque temps sans me donner signe de vie. J'eus une occasion de lui écrire, et je lui dis, sans amertume, qu'il m'abandonnait. J'ai la lettre qu'il me répondit sur l'heure : « Pourquoi m'écrivez-vous ainsi? Vous me dites un mot cruel : *Depuis que vous m'avez abandonné...* Si ce n'était de vous, je ne vous pardonnerais pas ce mot-là. Y a-t-il un seul de vos anciens élèves qui soit resté plus religieusement attaché à votre personne et à vos fortunes diverses? Vous ai-je donné le droit de soupçonner mon cœur? » Même quand il était dans l'éclat de sa renommée, membre de l'Académie, professeur acclamé à la Sorbonne, il se rappelait, et il me rappelait en toute occasion, qu'il avait été mon élève. Il pensa un moment à se retirer d'une revue scientifique où il écrivait. Il ne l'aurait pas fait sans dommage pour sa situation, et sans un grand serrement de cœur. « Il faut qu'on choisisse entre le spiritualisme tel que nous l'entendons, et le naturalisme de M***. Je ne puis continuer à écrire des articles philosophiques dont la réfutation est au revers de la page. »

Ses dernières lettres sont attristantes. Il se sentait frappé, et ne voulait pas en convenir avec lui-même. Il demandait des tours de faveur pour faire une lecture à l'Académie. « Je me soigne et je me surveille pour que mon médecin me laisse sortir. » Le jour venu, l'impossibilité apparaissait. Un petit billet arrivait avant la séance : « Je ne puis... » Même, quand il n'avait plus la force d'écrire, il dictait à madame Caro de petits billets pour annoncer qu'il viendrait, suivis quelques jours après d'autres petits billets pour avouer sa défaite. Nous admirions ce courage. Nous souffrions de cette longue lutte avec la mort, pour lui et pour elle.

Un de nos amis lui disait un jour devant moi ce que Sainte-Beuve n'avait cessé de dire à Jouffroy : Faites un roman. Caro avait

des trésors d'observations psychologiques ;
il aurait excellé à décrire les passions et les
impressions; il n'aurait pas, comme d'autres,
préféré les passions maladives et malsaines.
Il avait un ferme bon sens, ce qui est une
qualité plus nécessaire encore que la finesse
de l'observation, pour faire de bonne psychologie.

Un livre de science psychologique ne dé-
passe pas le très petit monde, choisi et
fermé, qui s'intéresse à la science, tandis
qu'un roman peut courir dans toutes les
mains, passionner la foule, donner la popularité. Caro ne fit que sourire. Cet homme
aimable, que les femmes du monde prenaient volontiers pour leur directeur ou leur
confesseur, et à qui l'on reprochait les libé-
ralités qu'il leur faisait en consultations, en
conseils, en leçons de philosophie et de morale, ne se sentait pas capable des concessions qu'il faut faire pour intéresser les autres
et s'intéresser soi-même à une fiction. Il
était plus sincèrement et plus exclusivement

voué à la science que beaucoup de savants ennuyeux de parti pris. Il avait l'orgueil des genres, ce qui est l'orgueil particulier des savants et des lettrés. Sardou croirait descendre, à ce que l'on m'assure, en faisant autre chose qu'une comédie ; Caro ne voulait faire que des chapitres de philosophie. L'idée ne lui venait pas que la fiction pouvait n'être qu'une forme particulière du style. S'il avait dressé la liste des philosophes contemporains, il n'y aurait pas inscrit Alexandre Dumas. Je le lui reproche.

C'est la philosophie, et elle seule qui fait la force de la fiction. Otez de *Tartufe* la philosophie, il ne vous reste qu'un Sganarelle aveugle, un libertin sans scrupule, et une historiette d'un intérêt médiocre. C'est le psychologue qui est immortel dans Molière.

Je viens de lire ma notice sur Michel Chevalier avant de l'introduire dans ce volume. Elle roule tout entière sur deux points : le saint-simonisme et le libre-échange.

Il y a deux circonstances de sa vie que je n'ai pas assez fait ressortir. L'une, c'est la lutte qu'il entreprit contre Louis Blanc, dès le lendemain de la révolution de Février, sur la question du travail; l'autre, c'est le vote qu'il émit au Sénat, en 1870, contre la guerre. J'y veux insister un moment, moins encore par esprit de justice envers Michel Chevalier, quoique je sois bien aise d'ajouter cette dernière touche au portrait que j'ai fait de lui, que pour bien mettre en relief ce caractère de toute histoire contemporaine, qu'il faut être un peu loin d'un acte pour en apprécier avec certitude la valeur objective, et qu'au contraire, pour en apprécier la valeur subjective, la valeur morale, il faut en être tout près.

Au fond, de quoi s'agit-il entre Michel Chevalier et Louis Blanc?

Le gouvernement du roi Louis-Philippe vient de tomber à l'improviste. Les vaincus sont étonnés de leur défaite, et les vainqueurs de leur victoire. Elle les prend au dépourvu.

Il n'y a ni un homme, ni une liste d'hommes désignés par leur situation ou leur génie pour prendre le pouvoir. On se hâte d'accepter les premiers noms jetés à la foule un peu au hasard, tant on a peur de prolonger une anarchie. L'anarchie est facilement détruite à la première minute, parce que tout le monde est enclin à accepter ce qui la détruit ; si elle n'est pas repoussée à ce premier moment, il devient difficile et long de la vaincre, parce qu'on se met à discuter les noms proposés, et que plus on les discute, moins on les trouve acceptables. Paris apprit presque en même temps la chute du roi et la nomination d'un gouvernement dont certains membres lui étaient inconnus, même de nom. Ce gouvernement lui-même était surpris de se voir là. Aucun de ses membres n'avait de programme, et surtout, ses membres réunis n'avaient pas de programme commun. Ils venaient de tous les points de l'horizon ; on avait mis ensemble, presque au hasard, un poète, un astronome, un ouvrier ; l'historien des Girondins, avec un député républicain et un député jacobin; des journalistes qui, hier encore, se combattaient dans leurs journaux. Ils comprirent ce que nous comprenions tous, qu'il fallait faire durer l'ordre pendant quelques semaines, sans aucune des ressources qui, dans le cours ordinaire des choses, servent à le produire ou à le maintenir. Ils n'avaient ni force matérielle, ni force intellectuelle, ni force morale. Ils durèrent par l'excès de leur faiblesse. Ils ne pouvaient disparaître sans tout entraîner.

Dans les journées qui suivirent le 24 Février on vit tout ce qui avait été jusque-là l'autorité se porter à l'Hôtel de Ville pour promettre tout haut son concours, et au fond du cœur pour demander protection. La banque, la magistrature, le clergé, tous les clergés affluèrent. M. Dupin arriva l'un des premiers. L'abbé Deguerry, curé de la Madeleine, traversa Paris en donnant le bras au pasteur Coquerel. Les ouvriers se voyaient les maîtres, et croyaient à peine à ce qu'ils voyaient. Ils

ne savaient comment s'y prendre pour consolider et employer leur victoire. Les bourgeois se sentaient momentanément perdus.
Ils faisaient la cour aux vainqueurs, obéissant
au même sentiment qui, dans les émeutes,
pousse les insurgés à crier : Vive la ligne !

Lamartine, Arago, Crémieux, Garnier-
Pagès, Armand Marrast étaient bien différents
entre eux; mais ils avaient des aspirations
qui leur étaient communes; Ledru-Rollin,
leur collègue, les effrayait, et Louis Blanc
plus que Ledru-Rollin. Louis Blanc était pour
eux le socialisme. C'était comme un grade
nouveau auquel la révolution l'appelait. Il
s'en fallait de beaucoup qu'il fût, avant le
24 Février, le plus influent, et même le plus
fort des socialistes.

Il avait des talents, comme historien,
comme journaliste, qui lui faisaient une place
à part. Mais en socialisme, il n'avait que des
théories un peu vagues. Ce qui se détachait
surtout dans son *Organisation du travail,*
c'était l'égalité des salaires, un mot vide de

sens quand on décide, mais terrible quand on
discute. Son entrée dans le gouvernement
faisait au socialisme une place officielle, et
le rendait maître de la situation, s'il avait su
et voulu profiter de ses avantages. Les ouvriers ne jurèrent que par lui, et ne parlèrent
pas d'Albert Ouvrier, qu'il avait introduit
comme son clair de lune. Il se laissa dé-
porter au Luxembourg, où on le chargea de
présider la commission du travail. On lui
dit, et il crut, que le sort de l'humanité était
remis entre ses mains ; mais il n'était chargé
en réalité que de présider une commission, et une commission simplement con-
sultative. Pendant qu'il s'usait à se faire
comprendre, et peut-être à se comprendre
lui-même, Ledru-Rollin agissait et Lamartine
parlait.

Le public vit du premier coup la toute-
puissance de Lamartine. Il n'y a rien dans
l'histoire de comparable à l'action qu'il
exerça pendant ces premières semaines.
Cette âme généreuse, courageuse et compa-

tissante commanda l'ordre, la générosité, la pitié, l'amitié, et fut partout comprise et obéie. Il releva la France qui était tombée à terre, et lui donna une sorte de grandeur qu'elle n'avait pas connue. Elle lui dut pendant un mois l'enthousiasme. La poésie fut une institution; elle fut la France. Au milieu de cet enivrement, chaque fois que le poète se taisait, nous sentions le néant à côté de lui. Nous jetions alors les yeux vers le Luxembourg. Là était l'ennemi de l'ordre social!

On lisait des comptes rendus des séances de la commission. Jamais discussions plus pitoyables. Mais, disait-on, qu'est-ce que ce compte rendu? Qu'est-ce que cette session? Qu'est-ce que cette collection de *pairs du travail*, comme Louis Blanc les appelle? Derrière eux se cache sans doute le complot de Louis Blanc, aidé de tous les prétendus réformateurs, de Proudhon, de Cabet, de Considérant, de Sobrier, de Caussidière, de Pierre Leroux. Pendant que nous tâchons de

vivre et de respirer sous l'égide de Lamartine, d'Arago, de Garnier Pagès, là-bas, dans
quelque bureau, on prépare l'anéantissement
de la propriété et du travail national. On
supprime la liberté au profit de l'État, seul
banquier, seul directeur d'atelier, seul dis-
pensateur du travail. Et qu'est-ce que l'État
de Louis Blanc? disait-on. C'est Louis Blanc.
Je puis peindre d'un mot l'horreur de cette
situation : la France avait peur!

C'est au fort de cette crise morale, le
15 mars, que parut dans la *Revue des Deux
Mondes*, un article de Michel Chevalier, intitulé la *Question du travail*, où le livre de l'*Organisation du travail* et les projets attribués
à Louis Blanc et à ses acolytes, étaient pris
à partie, et discutés sans ironie, sans colère, mais sans ménagement et sans pitié,
avec une science de l'industrie et du commerce, avec une habitude des affaires et une
force de dialectique qui ne laissaient rien
subsister de cet amas de sophismes et de chimères. Parler ainsi à un homme qui est

l'idole du peuple, et à un peuple engoué
de toutes ces billevesées, c'était un acte
de courage civil bien fait pour honorer la
mémoire de Michel Chevalier. Tous ceux
qui pensent comme lui se disent à présent :
Je l'aurais fait. Mais lui, il l'a fait. Tout paraît
aisé après coup.

Je veux rapprocher de cet acte de courage
et de clairvoyance le vote que Michel Chevalier émit en 1870, seul dans tout le Sénat. Le
péril n'était pas le même. A vrai dire, il n'y
avait pas de péril. La disgrâce du souverain,
ce n'est rien quand il s'agit d'un devoir. Le
dédain ou la colère d'une assemblée où l'on
est obligé de vivre, cela se supporte. Le courage consistait à persister dans son opinion
sans être ébranlé par l'unanimité des dissentiments. La guerre, à toute force, pouvait
réussir. Quelle eût été alors, devant ses contemporains et devant la postérité, la situation du seul homme, au Sénat, qui avait refusé de se battre? Je ne compare pas ce vote
courageux à la lutte désespérée et furieuse

tour à tour que Thiers soutint au Corps législatif; ce n'en est pas moins un titre d'honneur pour Michel Chevalier, et une preuve
éclatante de clairvoyance et de patriotisme.

Que penserait-il s'il vivait aujourd'hui? Il
aurait entendu rejeter sur lui, sur sa doctrine,
sur son acte de 1860, la responsabilité de
l'appauvrissement de la France. On n'a pas
seulement discuté nos doctrines; on a un peu
houspillé nos personnes; nous ne sommes,
nous autres, coupables, si culpabilité il y a,
que de nous être trompés. Mais lui, s'il avait
été là, quelles accusations et quelles malé-
dictions contre lui! J'aurais la mauvaise chance
d'avoir servi à préparer le réquisitoire; car je
me suis attaché dans la notice que je lui ai
consacrée, à montrer comment la liberté des
échanges est la conséquence directe, nécessaire du principe saint-simonien: à chacun
suivant sa capacité. J'ai montré avec quelle
lucidité il avait discuté et soutenu le principe
de la liberté du travail, dont la liberté de l'industrie et la liberté du commerce sont l'ap-

plication immédiate. J'ai montré comment, délaissé par l'opinion publique, et repoussé sans espoir de retour par les assemblées censitaires, il conçut l'idée d'utiliser l'article de la constitution qui donnait au souverain le droit de conclure des traités sans le concours du pouvoir législatif. J'ai raconté les détails de sa conspiration; les trames qu'il a ourdies pour gagner lord Palmerston et Cobden, son voyage en Angleterre, ses conférences aux Tuileries, ses arguments, ses frayeurs, et enfin sa victoire. Il est bien réellement l'inventeur et l'auteur des traités de 1860. C'est le grand événement de sa vie. Car il a été mêlé aux autres événements; mais il a voulu et fait celui-là.

Eh bien! s'il avait été là en 1891, j'ai la conviction qu'il n'aurait pas courbé la tête sous l'orage. Il aurait combattu avec nous, en avant de nous. Il se serait enorgueilli de son passé. Il aurait été battu, car je crois que la poussée était trop forte pour qu'il fût possible de lui résister; mais il aurait été sur la brèche dès le lendemain de la défaite, et aurait recommencé la lutte avec un indomptable courage, comme Léon Say, comme Leroy-Beaulieu, comme Challemel-Lacour, comme tous ceux qui sont fidèles au principe même de la Révolution française. L'âge ne l'aurait pas arrêté. Il montrerait à présent la situation morale faite à la France par l'isolement dans lequel on la confine; le commerce de nos colonies d'extrême Orient avec la Chine entravé, l'activité de nos ports supprimée, notre marine aux abois, notre ravitaillement menacé en cas de disette, les routes du commerce changées sur toute la face du globe, des relations séculaires d'affaires et d'amitié compromises, abandonnées, la philosophie française, celle qui a fait les réformes de Louis XVI avant de faire la Révolution, mise au néant par la France elle-même. Il est en vérité impossible que nous persévérions dans la réaction où l'on nous a engagés. Ce n'est pas de trente ans qu'on nous a fait reculer; c'est d'un siècle. Nous sommes depuis la Révolution trop identifiés avec la liberté et l'esprit moderne, pour suivre longtemps les traces de Mac Killey. Il y a eu une panique. L'expérience ramènera la France et le monde à la vérité, c'est-à-dire à la liberté.

Je n'ai rien à dire de la notice sur Fustel de Coulanges qui termine ce volume. Fustel de Coulanges était, comme Caro, un de mes élèves. Il y a eu un moment où j'étais entouré de mes anciens élèves à l'Académie des sciences morales. J'ai rappelé Beaussire, Caro, Bersot, en parlant de Fustel de Coulanges. Ce n'est pas moi qui ai rendu compte de la vie et des travaux de Bersot; M. Giraud s'était acquitté de cette tâche du vivant de M. Mignet. Je me vante un peu, en comptant Bersot au nombre de mes élèves. Il était en troisième année quand je fus chargé du cours de première année; il n'était pas obligé d'assister à mes leçons, il obtint de M. Cousin la permission de les suivre.

Il était, à quelques mois près, du même âge que moi. Nous avions toujours vécu dans la plus étroite amitié. C'est moi qui pensai à lui, en 1871, pour la place de directeur de l'École normale. Je n'ai jamais eu la main plus heureuse. Il demandait modestement une place d'inspecteur de l'Académie de Paris. L'idée de diriger l'École normale le ravit. Il se donna de tout son cœur à la tâche, et ne faiblit pas un seul jour, malgré les angoisses de la maladie, et malgré la mort qu'il voyait venir, et dont il savait l'heure.

Fustel de Coulanges a été, comme Bersot, directeur de l'École normale. Je ne sais pas ce qu'il était comme directeur, car je n'appartenais plus à l'Université à cette époque, si ce n'est par mon amitié. Je suis absent de la maison depuis 1852. Je n'aurais jamais eu l'idée de confier à Fustel de Coulanges des fonctions aussi encombrantes : j'avais trop de respect pour son œuvre. Je suis sûr qu'il s'est dévoué courageusement, car il avait au plus haut degré le sentiment du devoir. Il y avait, à le mettre là, un grand avantage, qui a probablement déterminé le ministre, c'est que sa vie était un modèle. Nos jeunes camarades devaient se sentir enflammés de l'amour de la science et de la vérité, rien qu'en le voyant. Il m'écrivait le lendemain de sa nomination : « Mon seul titre à succéder à M. Bersot est que je l'ai beaucoup aimé. Comme lui, je me donnerai tout entier à notre école... »

Il était au moment de sa mort professeur titulaire à la Faculté des lettres, content de son sort, et à sa véritable place, où il aurait fallu le laisser. La chaire qu'il occupait avait été créée tout exprès pour lui. Cette création ne s'était pas faite sans peine. La commission du budget, qui a vu plus d'un exemple de chaires inutiles fondées pour des hommes médiocres, n'était pas obligée de savoir qu'il s'agissait ici d'une chaire indispensable et d'un homme de premier ordre. Averti par un premier échec de la nécessité d'agir, je voulus être bien armé, et je m'adressai pour cela à Fustel lui-même. Il me répondit par une petite lettre qui est, dans son genre, un chef-d'œuvre. Je la retrouve dans une petite liasse de ses lettres de diverses époques, toutes écrites de sa belle écriture, ferme, claire, régulière, bien virile et bien ordonnée. La voici. Je pense que, si l'on faisait un recueil de ses lettres, elle y pourrait trouver place avec plusieurs autres que j'ai également retrouvées.

« Mon cher maître, voici la note que vous avez bien voulu me rappeler hier.

» La Faculté a demandé, il y a déjà deux ans, une troisième chaire d'histoire. Les deux que nous avons sont manifestement insuffisantes. Elles ne peuvent pas donner, à elles deux, la vingtième partie de la science.

» L'université de Berlin a huit chaires d'histoire, celle de Leipzig huit, sans compter les *privat-docenten*. Est-ce trop d'ambition pour celle de Paris d'en demander trois?

» Le moyen âge n'est jamais enseigné à la Sorbonne. Il ne l'est nulle part en France, si ce n'est à l'École des chartes, mais vous savez quel est l'esprit qui règne dans cette École. On y étudie le passé avec le désir bien arrêté de prouver qu'il était excellent, et l'on arrive ainsi, à force d'érudition dans les détails, à de graves erreurs sur l'ensemble. Il sera bon que le moyen âge soit enseigné par un normalien, j'entends un normalien qui mettra à profit l'érudition de l'École des chartes sans perdre l'indépendance d'esprit de l'École normale.

» M. Waddington avait la volonté de créer cette chaire et de me la confier. Sans le 16 mai, la chose serait faite. M. Bardoux a retrouvé cette proposition, et, sur une nouvelle demande de la Faculté, il l'a mise au projet de budget. Mais je ne pense pas qu'il l'ait soutenue devant la commission, et la commission a rejeté en bloc tout ce qui était demandé. Il paraîtrait que, depuis, quelques membres de la commission se sont informés, qu'ils ont regretté la décision prise, et que l'affaire sera remise en délibération.

» Quant à moi, je suis entré à la Faculté, il y a trois ans, comme suppléant de mon excellent ami Geffroy; mais je ne suis plus d'âge à être suppléant. La Faculté est unanime à désirer pour moi une situation fixe et régulière, et voilà trois fois en deux ans qu'elle en fait la demande officielle.

» M. du Mesnil, chaque année, me promet le titre; ma suppléance n'est renouvelée, chaque année, qu'avec cette promesse, et l'année s'achève toujours sans que cette promesse soit réalisée. J'ai vu encore hier M. du Mesnil, il est très bien disposé pour moi; il me répète qu'il espère bien que la chaire sera créée le 1er janvier. Mais tout dépend de la commission du budget; si personne ne défend la proposition, elle a bien des chances d'être repoussée. Si je connaissais quelques-uns de ces messieurs, je ne craindrais pas d'aller les voir. J'oserais soutenir une cause qui n'est pas uniquement personnelle. Mais vous savez

que je suis un savant en *us*, un piocheur, un
ermite, qui ne connais que les vieux textes.
Demandez-moi les noms des ministres de
Charlemagne, je suis intime avec chacun
d'eux; mais ils n'ont pas le moindre crédit
dans la commission du budget. — Le ministre
de Thiers fera bien mieux mon affaire.

» Agréez, cher maître, l'expression de mon
sincère attachement. »

Je reçus quelque temps après le billet suivant : « Cher maître, un télégramme m'ap-
prend que la chaire est votée. Vous êtes le
premier que je veux remercier. Croyez-moi
tout à vous. » Mais c'est Bardoux surtout
qu'il fallait remercier, et qui défendait son
budget et ses fonctionnaires avec l'ardeur
qu'il met à toutes les bonnes causes.

Voici en quels termes Fustel m'envoya un
exemplaire de la *Cité antique*. On me per-
mettra d'être un peu fier de cette lettre; non
pas des compliments, qui ne sont pas mérités,
mais de l'amitié, que je méritais bien.

« Monsieur et honoré maître,

» Je reçois à l'instant quelques exemplaires d'une nouvelle édition de ma *Cité antique*. Voulez-vous me permettre de vous en adresser un? Je vous le dois comme à mon ancien maître.

» On m'a quelquefois loué d'avoir tracé dans ce livre une psychologie des anciennes sociétés; or, c'est vous qui m'avez enseigné la psychologie. Je vous ai donc emprunté en grande partie la méthode que j'ai suivie depuis vingt-cinq ans dans tous mes travaux historiques. J'ai appliqué cette méthode à l'antiquité, et je suis arrivé par là à comprendre bien des choses qui étaient restées obscures jusqu'ici, ou sur lesquelles il y avait bien des idées fausses. Je travaille maintenant à l'appliquer à notre histoire de France. Je prétends employer ma vie à l'étude de l'âme humaine dans le passé à l'aide de l'histoire, et je veux que vous reconnaissiez en moi un disciple à ce signe que j'aime la vérité comme vous nous disiez de l'aimer, c'est-à-dire sans parti pris d'aucune sorte.

» Je vous prie d'excuser l'exiguïté de mon offre. Cet in-18° est tout à fait indigne de votre bibliothèque, mais je n'ai plus un seul exemplaire des deux premières éditions, les seules qui fussent d'un format présentable. Je vous serai reconnaissant de vouloir bien accepter ce petit livre en souvenir de votre ancien élève,

» FUSTEL DE COULANGES. »

Voici maintenant une lettre qui m'est très précieuse, où il me donne à son tour des encouragements et des conseils. J'avais eu l'idée, avec Georges Picot, Aucoc et quelques autres amis, de reprendre la publication des ordonnances des rois de France à l'époque où l'Académie des inscriptions s'est arrêtée, c'est-à-dire à partir de François Ier. J'ai réussi, non sans peine, à trouver les fonds nécessaires. Cette publication a lieu régulièrement : le quatrième volume a paru ; c'est un grand honneur pour l'Académie de l'avoir entreprise; tous les membres qui faisaient partie de l'Académie en 1881 s'y sont associés par leurs votes; je cite particulièrement MM. Aucoc et Georges Picot, parce qu'après en avoir conçu le projet, ils ont efficacement et énergiquement travaillé à le mettre en œuvre. Fustel de Coulanges m'écrivit à ce sujet la lettre suivante. Il l'a datée, contre son habitude. Elle est du 25 mars 1883. Je remarque en passant que ce grand fureteur de documents ne datait pas ses lettres.

« Cher et honoré secrétaire perpétuel,

» On me dit que vous verriez avec plaisir notre Académie faire quelque belle publication analogue à celles que fait une Académie très voisine de la nôtre. Je veux vous dire que je partage tout à fait votre sentiment. La publication des ordonnances des rois de France, à partir de François Ier, est une œuvre urgente. Tout homme qui s'occupe sérieusement d'histoire souffre de l'insuffisance du recueil d'Isambert. Si l'on connaît si mal l'ancien régime et même le xviii° siècle, cela tient en grande partie à ce que la plupart des documents législatifs et administratifs sont encore inédits. Pour vous citer un exemple entre mille, j'ai eu l'occasion de m'apercevoir dernièrement que le germe et l'idée mère de notre École normale sont de 1763, et non pas de la Convention ; mais les édits royaux qui le prouvent sont encore aux Archives, où personne ne les lit. De même pour d'autres choses plus importantes.

» Je crois qu'il appartient à notre Académie de chercher et de publier ces documents. Ce travail convient à la fois à la section d'histoire et à la section de législation. J'ai souvent parlé de ce projet avec M. Vuitry, avec M. Picot et plusieurs de nos confrères. Il est bon qu'une Académie marque sa valeur non seulement par les œuvres individuelles de ses membres, mais aussi par quelques œuvres collectives. Le travail en commun est la raison des Académies. Pour moi, mon rêve serait que l'Académie des sciences morales exerçât une véritable direction scientifique, qu'elle fût à la tête du mouvement en histoire, en philosophie, en économie politique. Je vois le prestige que l'esprit allemand exerce sur notre jeunesse, j'en vois le danger, et je souhaiterais que la science française, la vraie et bonne science, trouvât quelque part des encouragements et une direction. Elle peut les trouver un jour dans notre Académie, à condition que nous nous efforcions de donner à la fois le prétexte et l'exemple. Une bonne publication servirait beaucoup à cet objet.

» Comptez-moi donc avec vous et veuillez agréer l'assurance de mon respectueux dévouement. »

Quand j'ai préparé ma notice sur Fustel de Coulanges, j'ai naturellement cherché dans mes autographes ce que je pouvais avoir de lui. Je ne sais comment ces lettres m'ont échappé. Je n'ai guère trouvé que de petits billets d'amitié qui n'avaient de prix que pour moi. Mes autographes, autrefois très bien classés, ont subi une agression qui les a mis un peu en désarroi, et moi-même j'ai eu le tort d'y admettre des autographes de seconde qualité, ce qui rend les recherches difficiles.

Je citerai un ou deux billets de Fustel de Coulanges, à titre de spécimen de sa correspondance courante. Celui-ci a douze ans de date. « Mon cher maître, je reçois la nouvelle de la naissance de votre petite-fille. J'adresse mes félicitations à votre fils par votre intermédiaire ; vous pourrez en garder une bonne part pour vous, car je sais par moi-même tout le plaisir qu'on a à être grand-père. » Et en *post-scriptum* : « Nous attendons avec bien de l'impatience votre *Rapport*, qui nous sera une leçon de vraie liberté. » C'est mon rapport sur l'article 7.

J'essayai de le revoir quelques mois avant sa mort, pendant une crise qui menaça de l'enlever. Il m'écrivit de son lit dès qu'il fut en état de tenir une plume : « Mon cher et honoré maître, je veux que les premières lignes que je puis écrire soient pour vous. Merci de votre affectueuse visite de samedi dernier. L'amélioration se continue. J'espère bientôt être sur pieds. »

Il me semble que je viens de vivre encore quelques heures avec Fustel de Coulanges, avec Caro, avec Michel Chevalier, et même avec ce bon Louis Reybaud, qui était parti le premier, comme c'était son droit, puisqu'il était né au xviiiᵉ siècle. C'est un bonheur pour moi de rendre hommage chaque année à quelqu'un de ces vaillants, dont la vie entière a été vouée à la science, et de les venger, quand il y a lieu, de l'injustice et de l'ingratitude des hommes. Bonheur toujours mêlé d'attendrissement et de regrets, surtout quand l'ordre de la nature est interverti, et que c'est le maître qui rend les derniers honneurs à l'élève. Il semble qu'il devrait être donné à chacun de remplir sa destinée.

Quelle force nous avons perdue en Caro et en Fustel de Coulanges contre la littérature troublante et débilitante de ces dernières années ! Ces lutteurs, dont la vie matérielle s'est brisée, étaient dans tout l'éclat de la vie intellectuelle. Fustel disait dans l'intimité, en pensant aux *Institutions politiques de l'ancienne France :* « J'ai besoin de vivre encore deux ans. »

Cette génération-là s'en va dans toute sa force au moment où elle nous serait le plus utile. On a raillé Caro de l'enthousiasme qu'avaient pour lui les femmes ; ce sont des niaiseries. Est-ce que l'admiration des femmes a diminué Octave Feuillet ? Est-ce qu'elles ne forment pas la majeure partie de la clientèle de Renan, et de tous les prêtres ? Qu'est-ce que le public des théâtres, qui fait la gloire des Alexandre Dumas ? Un public de femmes. Il faut reprocher l'admiration des femmes aux philosophes qui l'achètent par des concessions à leur frivolité. Mais où a-t-on vu cela dans Caro ? Quand est-ce que sa morale a fléchi? Quand est-ce qu'il a délaissé le sens commun? Quelle est la question difficile qu'il se soit borné à effleurer, pour ne pas demander trop d'efforts à son auditoire? Des philosophes qui ont suivi ses cours m'ont attesté que plus les femmes venaient, plus son enseignement était grave. Je ne sais pas ce qu'il leur disait dans les salons, mais je sais ce qu'il ne leur disait pas. Il ne leur disait pas que la passion excuse le crime; il ne leur faisait pas l'apologie du vice, ni de la faiblesse, ni de la mollesse. On lui a reproché de ne pas supporter la raillerie; c'est qu'il prenait la vie par son côté sévère, et qu'il ne savait pas plaisanter avec le devoir ni avec l'honneur. Tout jeune, il avait été accoutumé à recevoir de bons avis et à en donner. Il a peut-être été un confesseur laïque. N'est-ce pas ce que nous sommes tous? Voltaire lui-même donnait des consultations. Je voudrais bien qu'on pût encore consulter Caro à la Sorbonne. Il donnerait son avis sur les romans à la mode, et sur la morale à la mode.

La mort a mis à l'aise les Darwin et les Shopenhauer que nous avons parmi nous. La place de polémiste est vacante. Qui la prendra?

Et qui remplacera mon Fustel de Coulanges, ce savant en *us* comme il s'appelait, qui rendait, sans y songer, la science attrayante, cet érudit, qui mettait l'érudition à sa place, c'est-à-dire au rang d'auxiliaire de la philosophie, ce philosophe qui bannissait toute idée générale préconçue, et qui aboutissait tout naturellement à la foi la plus intolérante? Qui saura autant et si sûrement, qui jugera aussi librement et aussi sainement, qui défendra et maintiendra avec le même courage et la même âpreté? Oui, ce sont de grandes pertes, e' venues à l'heure où elles nous sont le plus sensibles, à l'heure où nous avons le plus besoin d'être remis dans la ligne droite, de reprendre la tradition, de rester ou de rentrer en communion avec l'humanité. Des hommes tels que Caro, Bersot, Beaussire, Fustel de Coulanges ne pactisent pas avec le néant. Ils marchent vers l'avenir, mais en conservant précieusement les forces morales accumulées par leurs devanciers. Ils ont à la fois l'indépendance et le respect. Ils créent, mais ils croient.

JULES SIMON.

NOTICE HISTORIQUE

SUR LA VIE ET LES TRAVAUX

DE

CARO

Lue dans la séance publique annuelle de l'Académie des sciences morales et politiques du 6 décembre 1890.

MESSIEURS,

Je commencerai cette courte notice par un souvenir personnel. L'usage de l'Académie est de confier au président annuel le soin de prononcer les dernières paroles sur la tombe de ceux que nous perdons. Le jour des funérailles de Caro, j'avais résolu de laisser parler le ministre, les présidents des deux Académies, le doyen de la Faculté et de venir après eux, exprimer sur cette tombe prématurément ouverte, la douleur de l'ancien maître survivant à son élève. Quand je m'approchai, je vis que tout était fini et que le défilé funèbre commençait.

Depuis ce temps-là d'autres honneurs ont été rendus à cette chère mémoire. Les revues où écrivait M. Caro, l'Association des anciens élèves de l'École normale, ont publié des notices étendues. En prenant sa place à l'Académie française, M. d'Haussonville a fait son éloge avec beaucoup d'art et une émotion communicative. M. Martha lui a consacré quelques pages touchantes. Son successeur dans notre Académie, M. Waddington, nous a lu un véritable mémoire, écrit avec la compétence d'un philosophe et le cœur d'un ami. Enfin, l'Académie ayant attribué à M. Caro, après sa mort, la plus haute de ses récompenses, le président d'alors, M. Francisque Bouillier, saisit cette occasion pour recommencer un éloge que nous ne nous lassons pas d'entendre. Je viens encore après tous les autres, et mon premier mot sera pour vous dire que je n'ai rien à vous apprendre sur des livres qui sont dans toutes les mains, et sur une vie passée tout entière au milieu de vous.

Elme-Marie Caro est né à Poitiers, le 4 mars 1826, d'une famille bretonne. Pendant longtemps, il passa toutes ses vacances dans la maison familiale, à Josselin, une toute petite ville du Morbihan, qui a une histoire, un beau château et une vieille église. Son père était professeur à Poitiers et fut ensuite professeur à Rennes, dans cette même chaire de philosophie que son fils devait occuper à son tour. Permettez-moi d'ajouter sur-le-champ comme une des particularités de la vie de Caro, que ce philosophe fils de philosophe épousa la fille de M. Cassin, ancien professeur de philosophie au collège de Caen.

Caro fit sa philosophie au collège Stanislas qui avait alors pour directeur l'abbé Gratry, ancien élève de l'École polytechnique, devenu depuis le Père Gratry, de l'Oratoire, et membre très connu de l'Académie française. Le Père Gratry resta jusqu'à sa

mort l'ami et le guide de son ancien élève.
C'est par Caro que je connus Gratry. Il me
conduisait entendre ses conférences, qui lui
inspiraient un vif enthousiasme. C'étaient au
fond des leçons de philosophie faites dans
une chapelle. Le prédicateur improvisait avec
quelque difficulté, et beaucoup d'éclat. Ses
connaissances scientifiques lui fournissaient
des arguments et donnaient de l'originalité
à sa méthode. Rien ne ressemblait moins à
un sermon que ces sermons-là. Le Père
Gratry y mettait de la nouveauté, sans y
mettre d'hérésies.

Les études de Caro, qui était un élève hors
ligne, se terminèrent par une aventure longtemps célèbre à la Sorbonne parmi les can-
didats aux examens. Dans la même année,
ou pour mieux dire dans le même trimestre,
il remporta les deux prix de philosophie au
concours général, fut reçu avec éclat à
l'École normale et refusé net au baccalauréat.
Le même malheur avait failli m'arriver
à Rennes, douze ans auparavant parce que

l'examinateur ne trouvait pas ma philosophie, ou plutôt celle de mon maître (j'avais
seize ans), assez orthodoxe. Ce juge difficul-
tueux, qui se montrait ordinairement plus
bienveillant, n'était autre que le père de
M. Caro.

Voilà donc Caro à l'École normale, et l'on
peut dire que dès lors sa vie est toute faite.
J'y fus son professeur de philosophie. Émile
Saisset lui enseigna l'histoire de la philosophie. Il nous dédia quelques années après, sa
thèse sur *Saint Martin le philosophe inconnu*,
dont je lui avais fourni le sujet. Cette thèse
occupe un rang élevé parmi ses ouvrages. On
y trouve avec son beau style, déjà en pleine
maturité, ses précieuses qualités de psychologue, et cette orthodoxie du sens commun
qui fut toujours sa principale force. Il fut
reçu agrégé en sortant de l'École normale et
devint successivement professeur de philosophie à Alger, à Angers, à Rennes, à Rouen.
Il avançait d'un rang chaque année. A vingt-
huit ans, il fut chargé d'inaugurer l'ensei-

gnement de la philosophie à la Faculté de Douai qui venait d'être créée.

En dépit du proverbe *Nascuntur poetæ, fiunt oratores*, il était né orateur. Son élocution avait à la fois de la facilité, de la gravité et du charme. Il avait ravi ses élèves quand il était professeur de collège : il attira la foule quand il fut professeur de Faculté. Les auditeurs lui venaient des deux côtés de la frontière. Anvers voulut l'entendre dans sa chaire indépendante où ont tour à tour brillé deux proscrits, Challemel-Lacour et Deschanel, et le ministre lui permit par exception d'aller y faire quelques leçons qui eurent un succès retentissant. Il fut aussitôt appelé comme maître de conférences à l'École normale. Enfin il devint en 1864 professeur titulaire de philosophie à la Sorbonne, en remplacement d'Adolphe Garnier, qu'il avait déjà suppléé pendant deux ans.

Il n'avait que trente-huit ans. M. d'Haussonville remarque qu'il occupa cette chaire pendant vingt-quatre ans sans solliciter ni

obtenir aucun autre honneur universitaire.
Il ne sait pas qu'aux yeux des membres de
l'Université, rien n'est au-dessus d'une chaire
de Sorbonne. M. Cousin, M. Jouffroy ont
ajouté à ce titre celui de membre du Conseil
royal, qui accroissait leur fortune sans augmenter leur dignité. M. d'Haussonville remarque aussi qu'il ne songea jamais à la
Chambre des députés, ni au Sénat. Il fit en
cela ce que font tous nos maîtres. Un professeur ne songe pas à autre chose qu'à professer.
Il met sa vie et son cœur dans son enseignement. S'il est ambitieux, il aspire à un siège
de l'Institut qui ne fait jamais défaut à un
professeur de la Sorbonne quand il se met
sur les rangs. Il y a eu, je ne le sais que trop,
quelques infidèles que la politique a tentés,
qu'elle a violés. Mais le nombre en est heu-
reusement petit. Il m'est arrivé une fois,
pendant le temps fort court où j'avais quelque influence dans mon pays, de proposer à
M. Pasteur une candidature au Sénat. Je
voudrais que M. d'Haussonville eût pu voir

comme j'ai été accueilli! Je n'aurais pas été mieux reçu par Caro. Il avait une tâche à remplir par son enseignement et par ses livres, tâche dont il ne voulut jamais être détourné; et cette tâche, qui est toute sa vie, consistait à défendre la société française contre l'envahissement de l'athéisme et du pessimisme.

O l'heureuse vie, qui peut se raconter en trois lignes : élève de l'École normale, professeur de philosophie dans de grands collèges, puis à l'École normale, puis à la Sorbonne; membre, en 1869, de l'Académie des sciences morales, et en 1874, de l'Académie française. Voilà tout! Il ne me reste plus après cela qu'à énumérer ses livres.

Ils sont très nombreux. J'en compte dix-neuf, et peut-être pourrait-on en faire deux ou trois autres avec des articles qui n'ont pas été recueillis. Avant d'écrire dans la *Revue des Deux Mondes* et le *Journal des Savants*, il avait été collaborateur assidu de la *Revue de l'Instruction publique*, de la

Revue contemporaine et de la *Revue européenne.*

Presque tous ses livres sont des ouvrages
de critique et de polémique. On ne peut signaler comme livre de doctrine que l'*Idée
de Dieu et ses nouveaux critiques*, publié en
1864; et même dans ce livre doctrinal, sa
pensée revêt tout naturellement la forme
d'une discussion contre les adversaires de
la doctrine qu'il veut établir. Il prend successivement à partie M. Renan, M. Taine,
M. Vacherot, étudiant à fond leurs doctrines,
les contraignant en quelque sorte à montrer
toutes les conséquences qu'elles renferment,
et les soumettant à une critique toujours impitoyable, quoique toujours respectueuse. Il
projetait de donner pour complément à l'*Idée
de Dieu*, un ouvrage sur *la Nature*, auquel il
travaillait dans les dernières années de sa
vie, dont il avait écrit un plan très sommaire,
et dont on retrouve les éléments dans une
analyse de ses dernières leçons, faite d'après
les cahiers d'un élève, et publiée par M. Janet

dans la *Revue bleue*. Enfin, à la rigueur, on peut considérer comme des écrits dogmatiques deux ouvrages intitulés, l'un *le Matérialisme et la Science*, l'autre *le Pessimisme*, quoique la démonstration s'y fasse par la réfutation, suivant une habitude invétérée de l'auteur. *Le Matérialisme et la Science* est une discussion avec Claude Bernard, Littré, Büchner, Moleschott; *le Pessimisme*, une dissertation sur Léopardi, Schopenhauer et Hartmann. Ses autres livres, *la Philosophie de Gœthe, la Fin d'un siècle, Caractères et Portraits*, etc., sont des livres d'histoire ou de critique. En considérant tout l'ensemble de l'œuvre de M. Caro, on peut dire qu'il se propose toujours pour but de défendre Dieu et l'âme, et qu'il les défend toujours en combattant ceux qui les attaquent. C'est son procédé invariable. C'est sans doute un enseigneur, quand on va au fond des choses; mais quand on s'en tient à la forme et à la méthode, c'est par-dessus tout un polémiste.

Je ne dis pas cela pour le diminuer, mais

pour le classer. Certes, je ne veux rien ôter
à l'importance des chefs d'écoles. Un système fortement conçu dans toutes ses parties,
et donnant la solution de tous les problèmes,
est une œuvre de l'esprit humain qui suppose
une grande force ; on éprouve, en l'étudiant,
et en constatant l'exactitude de ses déduc-
tions, une joie analogue, malgré tant de
différences, à celles que produit un beau
poème ; l'admiration est encore augmentée
par l'adhésion, si elle se produit : mais on
peut admirer sans adhérer. De grandes vérités, fortement enchâssées dans un système,
y gagnent une précision nouvelle, une clarté
et une force que ne saurait leur donner la
démonstration la plus triomphante.

Cependant, si, au lieu de vous absorber
dans une école et dans une époque, vous
suivez à travers les siècles le développement
de la philosophie, vous reconnaîtrez sans
doute de siècle en siècle la marche du progrès, tantôt suspendue par des causes indé-
pendantes de la science, et tantôt accélérée

et comme précipitée par l'action des hommes
de génie ; mais ce progrès, prenez-y garde,
n'est pas le progrès des systèmes, c'est-à-
dire des hypothèses ; le système qui a paru
si grand, qui a été si puissant, dure autant
que celui qui l'a créé ; il dure, s'il est fort,
autant que l'école ; ou plutôt il dure jusqu'à
ce qu'un autre esprit, animé de vues nouvelles, crée à côté un autre système qui divise l'attention du monde, accapare les prosélytes et suscite pendant un quart de siècle
l'admiration des penseurs. Puis le temps
coule, l'humanité se livre à d'autres passions,
est enivrée par d'autres idoles, et quand le
cycle est achevé, si l'on cherche ce qu'il a
produit, on trouve quelques nobles idées
plus fortement ancrées dans les esprits, une
action plus profonde dans la foule, des mœurs
plus fortes ou plus pures, un accroissement
de ce que Leibniz appelait la philosophie
éternelle, *perennis quædam philosophia;* mais
de l'hypothèse proprement dite, du système,
que reste-t-il? Un chapitre dans l'histoire de

la philosophie. J'accorde aux systèmes la gloire d'être des véhicules ; je ne leur reconnais pas une valeur intrinsèque. Il n'y a qu'une religion, qui puisse identifier les dogmes avec la forme dont ils sont revêtus. La liberté, qui est l'essence de la philosophie, mettra éternellement Gœthe, comme propagateur de doctrine, sur le même rang que Kant, et Voltaire au-dessus de Condillac.

M. Caro, en entrant à l'École normale, y trouvait la philosophie enseignée par deux esprits indépendants dont l'un surtout défendait les dogmes propagés par M. Cousin sans adhérer à son système particulier. Rien dans ces dogmes ne s'écartait de la pensée platonicienne, de la pensée chrétienne, de la pensée cartésienne. L'histoire même enseignée pendant la seconde année d'école racontait la théorie des idées ou celle de l'harmonie préétablie comme des combinaisons heureuses qui, après avoir, chacune en son temps, exercé une influence sur la marche de l'esprit humain, avaient disparu de la

scène en laissant derrière elles, comme résultats acquis à l'humanité, la grandeur de
Dieu mieux établie, l'immortalité de l'âme
mieux comprise, la notion du devoir plus
répandue, assise sur des fondements plus
inébranlables; c'est à ces idées qu'on se dévouait, c'est à elles que se dévoua M. Caro,
et non au système de Kant ou de tout autre
philosophe. Il apprit aussi, des élèves de
M. Cousin, l'usage et l'excellence de la méthode psychologique.

Cette situation d'esprit était parfaite pour
le disposer à l'enseignement des collèges.
L'enseignement proprement dit de la philosophie ne peut être donné que dans une
Faculté, à des esprits mûrs et à des auditeurs
libres. Du moment qu'on parle à des auditeurs de seize ans, qui ne choisissent pas
leur maître et qui sont obligés de l'écouter,
la première chose que je demande à un professeur de philosophie, c'est de ne pas être
un philosophe.

On ne lui dit pas : Venez ici, et enseignez

ce que vous voudrez, mais : Venez ici, et enseignez cette doctrine orthodoxe. Son rôle, dans sa chaire, est celui d'un prédicateur et d'un apôtre, rôle assez beau d'ailleurs, et dont peut se contenter un agrégé de vingt-quatre ans.

Tant que M. Cousin a été maître souverain de l'enseignement de la philosophie, c'est-à-dire de 1830 à 1848, il n'a cessé de prêcher cette façon d'entendre le rôle d'un professeur de collège, et il la prêchait durement, sans aucun souci des amours-propres. « C'est moi, disait-il, qui suis le professeur de philosophie de l'Université, quelque chose comme un professeur général de philosophie. Prenez, dans mes livres, ce chapitre, et cet autre encore. Faites-en la base unique de votre enseignement. A cette condition, je vous couvrirai; mais je ne puis ni ne veux répondre de *vos découvertes.* » Avec le parfait dédain qu'il avait pour ceux de ses élèves qui se montraient récalcitrants, je vous laisse à penser comme il appréciait ces découvertes,

Émile de Girardin me dit un jour : « La philosophie de l'Université, c'est M. Cousin. Je ne dis pas, ajouta-t-il, c'est la philosophie de M. Cousin; je dis, en pesant mes termes, c'est M. Cousin. Après lui, il n'y aura plus de philosophie dans l'Université, on la supprimera; on vous supprimera; et on fera bien. » Je courus tout indigné chez M. Cousin, pour lui rapporter ce propos redoutable et surtout détestable. Il me semble que je le vois encore : il déjeunait, dans la salle à manger, avec un artichaut cru. Il m'écouta paisiblement : « Il a raison », me dit-il, en continuant de manger son artichaut. Je n'en pus tirer autre chose, pas même un mot de condoléance. Si vous vous rappelez que les philosophes ont toujours, par état, le mot de liberté à la bouche, vous pouvez vous imaginer comment ces théories, qu'aujourd'hui je crois très justes, étaient reçues dans nos rangs.

Les grands amis de M. Cousin pensaient comme lui. Quand M. Thiers fut rapporteur de la loi sur l'enseignement secondaire, il reçut la visite de M. Saphary, qu'il ne connaissait pas. M. Saphary était le professeur du collège Bonaparte. Il enseignait le système très ingénieux et très chimérique de M. La Romiguière, que M. Cousin avait admiré à son heure. Il allait, dans sa naïveté, se plaindre à M. Thiers du despotisme de M. Cousin. Cousin le tolérait à cause de son âge, et parce que, étant titulaire, il ne pouvait être dépossédé de sa chaire sans un jugement. M. Thiers me raconta cette visite : « Je l'ai saboulé », me dit-il.

Nous ne pouvions nous faire à cette condition de disciples serviles. On nous laissait la liberté dans nos livres; mais que faire de cette liberté? Nous ne pouvions avoir une opinion comme professeurs, et une autre opinion comme philosophes. Cette liberté même de l'écrivain était problématique. On la promettait, on était assurément sincère. On promettait plus qu'on ne pouvait donner. Ce n'était pas dans notre enseignement,

c'était dans nos livres que M. Louis Veuillot,
et son illustre ennemi M. de Montalembert,
allaient chercher des arguments contre l'Université. C'était quelquefois dans les articles
mensongers des journaux. Un fort grand
personnage me reprocha un jour dans un
document officiel d'avoir écrit deux gros
volumes en faveur du divorce, à moi qui ai
toujours été l'ennemi du divorce, et qui me
suis séparé de mes amis sur cette question,
peut-être avec quelque courage. La plupart
des polémiques se composent de mensonges
et de quelques vérités.

Il y a dans la situation des professeurs de
philosophie une contradiction qu'il faut faire
disparaître dans leur propre intérêt et dans
l'intérêt commun du corps enseignant. On
leur impose un programme, et, première
difficulté, ce programme est trop vaste pour
pouvoir être développé. Il embrasse tout :
c'est comme si on contraignait le maître à
être superficiel. On ne lui impose que le programme; il reste maître des solutions. Mais

il sait, et tout le monde sait, que sa carrière est perdue, si ses solutions ne sont pas orthodoxes. L'Université est un corps rigoureusement surveillé, et qui doit l'être. Il faut qu'un professeur de l'Université enseigne en toutes choses la doctrine de l'Université. S'il accède au haut enseignement des Facultés, alors parlant en son nom et à des esprits tout formés, il sera libre enfin d'ouvrir son école.

Mon opinion, mûrie par le temps, est que la situation des maîtres de l'enseignement secondaire serait plus digne et plus forte s'ils étaient seulement chargés de lire à leurs élèves, en les commentant, le *Discours de la Méthode* et la *Logique de Port-Royal*. On laisserait à l'enseignement des Facultés tout ce qui est système ancien ou moderne, et on ne garderait pour l'enseignement secondaire, avec la logique, que Dieu et l'âme ; la philosophie de M. Caro.

Je voudrais qu'on les affirmât avec autorité, comme des vérités élevées, par la force du

raisonnement et le consentement des siècles,
au-dessus de toutes controverses. L'enseignement secondaire doit se terminer par un
acte de foi, et non par un appel à l'hésitation
et au scepticisme.

Qu'est-ce que Dieu? Le dieu créateur, le
dieu providence; le principe même du devoir,
Qu'est-ce que l'âme? L'âme spirituelle, l'âme
immortelle, l'âme libre et gouvernée seulement par le devoir. Nous avons grand besoin
de répandre ces doctrines dans la société et
de combattre les doctrines adverses. Quant
à savoir choisir entre le système de Condillac
et celui de Cardaillac, c'est une chose dont
nous avons grand besoin aussi, mais les Facultés se chargeront de nous l'apprendre, et
les professeurs de l'enseignement secondaire
ont une tâche assez lourde, sans se charger
encore de celle-là.

Quand M. Caro a commencé, en sortant
de l'École, à défendre l'idée de Dieu, elle
n'était attaquée que par les systèmes. Quand
il a fini, elle était attaquée par les lois. Il se

rappelait un temps dont nous sommes séparés
par un siècle, où il n'y avait plus ni religion
ni métaphysique, où l'on vivait cependant, si
cela peut s'appeler vivre, et il se demandait
comment un peuple peut se passer de Dieu.
C'est, dit-il, que nous vivons encore du passé,
même quand théoriquement le passé n'existe
plus pour nous, et cela surtout dans l'ordre
des idées pratiques et des sentiments mo-
raux. Nous vivons de tant d'idées chrétiennes
et spiritualistes, accumulées dans la conscience des générations comme la chaleur
du soleil dans la houille et dans le dia-
mant.

Mais cette morale par habitude que rien
ne ranime plus est comme une lumière trem-
blante et mourante, qui va faire place aux
ténèbres. Que devient la vie sans Dieu? La
lutte des intérêts, avec Bentham et Stendhal;
le triomphe de la force, avec Darwin; la
déification de la passion, avec Rousseau,
Herbert Spencer et George Sand. Les plus
raffinés, les plus malades peut-être, embras-

sent la poétique de Werther et de René, la religion de Bouddha, l'appétit de la mort. Nous avons eu trois cent soixante mille suicides en un demi-siècle! Il n'est que temps de rendre à l'univers son soleil et à la science son Dieu.

On a dit de Dieu : C'est une hypothèse qui dispense de raisonner. Caro énumère les hypothèses par lesquelles on a essayé de remplacer Dieu. Il combat tour à tour les matérialistes, les athées, les positivistes, les évolutionistes, les nihilistes. Toutes ces hypothèses ont été souvent combattues, mais la polémique de Caro est nouvelle, pénétrante, informée. Il a étudié à fond son adversaire ; il voit ce qu'il est, d'où il vient, à qui il ressemble. Il sait aussi où il va, et quelquefois mieux que l'adversaire lui-même. Tantôt, mais rarement, il remonte à la source même, au philosophe, à l'inspirateur ; tantôt laissant là le chef d'école dans le désert où il s'enferme, il prend à partie l'intermédiaire inconscient, auteur dramatique ou romancier, qui rend la doctrine dangereuse en la rendant attrayante.

Le monde est bien changé. Spinoza, dans son temps, agissait directement sur les esprits. Tout le monde lettré le lisait. On était indigné, mais on lisait, on répondait, on lançait des arrêts et des anathèmes. Si ce géomètre de la métaphysique revenait parmi nous, il n'aurait d'influence que sur un bien petit cénacle. Il aurait besoin pour faire son chemin que George Sand, Dumas ou Renan le prissent sous leur aile. Nous en voyons la preuve tous les jours. C'est à peine si les microbes de Pasteur ont autant de renommée que les vibrions d'Alexandre Dumas. Les philosophes ne sont plus que des semeurs. Ils écrivent leurs systèmes à la grâce de Dieu dans des livres que personne n'est tenté d'ouvrir. Ces livres fermés et ignorés font du bien et du mal par procuration. « A de certains moments, un souffle invisible venu on ne sait d'où enlève à l'un ou à l'autre de ces systèmes ardus une poussière impalpable qui se répand au loin, et, comme dans la fécondation des plantes qui se fait à distance, dépose dans les âmes inconscientes des germes qui produisent quelquefois autre chose que des fleurs[1]. » Rien n'est plus saisissant que de suivre, avec les *Jours d'épreuve* de M. Caro, des doctrines étalées d'abord dans des livres soi-disant scientifiques, puis dans des romans et dans des journaux, débitées au milieu des déclamations et des rires dans les brasseries d'étudiants, et qui aboutissent, sous la Commune, à un renouvellement de la Terreur. Quant aux scandales qui commencent par un chapitre de physiologie et de pathologie pour se terminer en cour d'assises, on ne les compte plus.

On s'étonnait que M. Caro fréquentât les salons et les théâtres. Mais c'était son champ de bataille! Je ne dirai pas qu'il y allait uniquement pour poursuivre ses investigations sur le temps présent et pour en rap-

1. Constant Martha, *Notice sur M. Caro*, en tête des *Mélanges et Portraits*, p. iv.

porter des leçons à notre profit. Ni la nature de son talent, ni son caractère, ni sa figure même ne se prêtaient à ce rôle. Il allait dans le monde, parce qu'il était du monde et qu'il y trouvait son plaisir. Il y trouvait son plaisir; mais il y faisait son métier.

Ce redoutable et souriant visiteur arrive armé de toutes pièces partout où l'on s'amuse. Il est de la maison; on l'accueille. S'il faut plaisanter, il est prêt. Très rapidement le polémiste se montre. Il sait tout sur le roman ou la pièce du jour; et quand il en a extrait, avec une habileté sans pareille, la doctrine qu'elle contient, il sait tout aussi sur cette doctrine. Il commence en critique de théâtre, il finit en philosophe. Vous êtes obligé de le suivre, parce qu'il vous tient à la fois par la logique et par le charme.

On a remarqué qu'il étudiait à fond un livre ou un auteur dont il devait parler, n'eût-il à lui consacrer que quelques lignes. Quand le sujet en vaut la peine, il nous donne tout du long les études qu'il a faites, et nous met dans le secret de son atelier.

C'est ainsi que nous avons de lui deux volumes intitulés *la Fin du* xviii° *siècle, notices et portraits*, qui sont à la fois une très heureuse excursion dans l'histoire, et la continuation de son œuvre principale, ou plutôt de son œuvre unique, la défense de Dieu et de l'âme humaine. Peu de livres sont plus remplis d'anecdotes inédites et de vues nouvelles. Notre xix° siècle ne fait que développer la révolution, et le xviii° siècle, au moins dans sa seconde partie, n'a fait que la préparer.

Autrefois il y avait le roi. Le roi était tout. Il faisait le droit. Il avait la force. Il y a eu ensuite l'opinion de la bourgeoisie et celle de la noblesse qui étaient deux opinions divergentes et souvent opposées. L'opinion de la noblesse est allée se confondre avec l'opinion de la bourgeoisie, et ces deux opinions ainsi confondues se sont détachées de leurs sources et sont devenues un pouvoir nouveau dans la société. Ce pouvoir s'est manifesté partout, à

la cour, dans la magistrature, dans les écoles,
au théâtre, dans les pièces à grandes maximes,
dans la chaire, où les sermons à la mode
n'étaient autre chose que des pamphlets,
dans la cohue des gazettes secrètes, des
nouvelles à la main et des correspondances
avec les cours étrangères. Deux hommes
sont venus, Voltaire et Diderot, dans lesquels
et par lesquels ce nouveau pouvoir a fait
explosion. Voltaire l'a gouverné et subi. Il
résistait pourtant quelquefois, et c'était sa
plus grande force. Diderot aurait eu le courage de résister, mais il avait érigé en système la souveraineté de la passion. La
passion, ou, comme on disait alors, la sensibilité faisait l'opinion, et l'opinion, après
avoir gouverné les lettres, commençait à
gouverner la politique. Bientôt elle eut ses
ministres. Malesherbes et Necker sont moins
les ministres de Louis XVI auprès de son
peuple, que ceux de l'opinion auprès du roi.
Cette société qui a toutes les grâces, a aussi
toutes les audaces. Elle a la haine de la reli-

gion et de la métaphysique, qu'elle ne comprend ni l'une ni l'autre. Elle remplace la morale, dans ses livres et dans ses discours, par une rhétorique ampoulée et déclamatoire, et par un relâchement absolu des mœurs. Rousseau lui-même, après avoir ressuscité Dieu, prend la sensibilité pour règle unique de la volonté. C'était bien la peine! Il met l'amour au-dessus de la vertu. Selon l'Évangile de *la Nouvelle Héloïse*, on ne peut s'égarer en se laissant conduire par sa sensibilité, ou du moins on ne peut avoir que d'honnêtes égarements, des égarements ravissants auprès desquels le rôle de la vertu (M. de Wolmar) est aussi ennuyeux qu'il est ridicule.

Ce grand et austère réformateur est l'inventeur de la doctrine qui règne aujourd'hui dans les salons, qui menace de régner dans les cours d'assises, et suivant laquelle la passion devient l'excuse et la glorification du crime. Voltaire réduit son Dieu à n'être que le magistrat suprême de la police. Il lui dédie un temple : *Deo erexit Voltaire.* Dans ce temple, il joue la comédie tous les dimanches avec une douzaine de comparses et d'estafiers, jusqu'à ce que, parvenu au dimanche de Pâques, il donne l'exemple d'une communion sacrilège, pour comble d'édification.

On disait des livres de Diderot : « Ce sont des idées qui se sont enivrées, et qui se sont mises à courir les unes après les autres. » Il ne croyait pas en Dieu. Un jour, il lit Helvétius attaquant l'existence de Dieu par des raisons pitoyables. Il les réfute sur-le-champ avec tant d'éloquence, qu'il arrive à se convaincre lui-même. Le voilà déiste, et déiste enthousiaste, car il faut toujours que Diderot soit enthousiasmé. Sa nouvelle croyance n'est pas de longue durée; elle dure autant que le caprice d'une jolie femme, vingt-quatre heures, après lesquelles il recommence à blasphémer; ses amis disent : à prophétiser. Il appelle Dieu familièrement « le prétendu créateur ». Il fait des gorges chaudes sur « les prétendues causes finales ». Il croit à la génération spontanée. Il définit l'animal « une forme déterminée par des causes intérieures et extérieures qui, diverses, doivent produire des effets divers ». Il déclare que la sensibilité est une des formes de la matière. Il croit que la nature se plie à l'habitude, et que le besoin engendre l'organe. Il expose, en détail, avant Darwin, la doctrine du transformisme. Tout cela sort de lui en bouillonnant, sans qu'il prenne le soin de l'arrêter au passage et d'en fixer le souvenir en l'écrivant. Même s'il écrit, il improvise. Il croit propager des idées, et il propage surtout des négations. Il répand aussi la passion, et en la répandant il la subit. Il est toujours sur le trépied. Lisez Voltaire, fouillez Diderot : vous y trouverez notre siècle tout entier. Nous n'avons fait que développer lourdement ce qu'ils ont écrit ou dit avec une verve enflammée. En philosophie comme en politique, nous sommes leurs disciples. Nous avons pris nos dogmes à Rousseau, mais nous n'avons pas de dogmes.

Le xix° siècle ne diffère du xviii° siècle que par l'ennui. Nous n'avons rien à nous chez nous. Tout était là, même le naturalisme. Il suffit d'entrer dans la bibliothèque de l'Institut, et de jeter les yeux sur la statue de Voltaire, pour s'en apercevoir.

Le xviii° siècle, penchant vers sa ruine, a encore trois rois: Louis XVI, qui serait un grand roi, s'il était un homme; Frédéric le Grand, qui est véritablement un grand roi, et Catherine II, qui veut l'être. Louis XVI appelle Turgot et ne va pas plus loin ; mais Frédéric appelle Voltaire, Catherine appelle Diderot. Ces deux rois choisissent ces deux démolisseurs entre tous les grands hommes contemporains. C'est la consommation des temps : les rois se livrent à leurs ennemis, et aux ennemis de toutes les institutions et de toutes les croyances par lesquelles les rois sont rois. Voltaire se soucie bien peu des hochets, et Diderot de l'argent ; mais ils se soucient l'un et l'autre des recrues. Ils sentent la grandeur de leur rôle. Ils sont une révolution, quoiqu'ils ne soient pas, comme ils l'espéraient, une création.

M. Caro aimait la société des femmes. Il avait cela de commun avec la plupart des philosophes; avec Cousin, qui, à défaut d'héroïnes vivantes, se passionna pour celles du xvii° siècle et les fit revivre par la magie du talent; avec Descartes, le correspondant assidu de la princesse Elisabeth et l'hôte de la reine Christine; avec Leibniz, le correspondant de la reine Sophie-Charlotte; avec Bossuet, dont presque toutes les lettres spirituelles sont adressées à madame Cornuau; avec Fénelon, l'ami de madame Guyon; avec Voltaire, l'ami de madame Du Châtelet; avec Rousseau, qui pensait aux femmes perpétuellement et les aimait passionnément, sans conséquences pour elles. La plupart des hommes de lettres de la fin du xviii° siècle, ceux qu'on appelait les philosophes parce qu'ils avaient fondé l'*Encyclopédie*, fréquentaient les femmes sans se livrer, en quoi ils étaient sages; car si on se livre à elles,

elles vous détruisent, et si on se borne à les étudier, elles vous aiguisent. Ce sont souvent des esprits délicats et charmants, plus portés que les hommes à la philosophie, la poussant très loin, entêtés dans le paradoxe, s'en faisant un jeu et une arme, et donnant de la force à une doctrine quand elles parviennent à la transformer en règlement et en proverbe. Ce n'est pas seulement à la mode qu'elles donnent des lois. La religion conserve sur elles plus d'empire que sur les hommes: c'est déjà une marque de vocation philosophique. Elles prennent un directeur et le suivent passionnément ; mais notez bien qu'en le suivant, elles le dirigent. Je ne vous citerai pas l'exemple de Fénelon et de madame Guyon, parce que les madame Guyon sont rares ; cependant, c'est la qualité d'esprit de madame Guyon, et non la nature de son esprit, qui est rare. Sans la frivolité croissante, nous aurions encore des madame Guyon et des madame Cornuau. Même aujourd'hui, les salons et les théâtres sont remplis de contro-

verses. Une des grandes causes du succès
d'Alexandre Dumas, ce sont les discussions
philosophiques auxquelles son théâtre donne
lieu. Il prend des thèses tragiques, et il en
fait non des tragédies, mais des comédies, ce
qui est une des conditions et des explications
de sa force. M. Caro, tout en riant et causant
avec les femmes, se rendait compte de l'action des *petites mains*, qui travaillent aussi
activement à former une opinion qu'à conduire une intrigue.

Les femmes sont particulièrement portées
à subir l'influence des philosophes de sentiment. Je sais qu'autrefois elles allaient en
Bourdaloue. J'en connais une qui voulait avaler
Nicole comme un bouillon. Il y aurait une
étude historique et psychologique à faire sur
ce dernier phénomène. Pour revenir au
temps présent, comme disait Caro, les femmes du temps présent aiment la philosophie
un peu vague, la philosophie poétique et sentimentale, qui se respire comme un bouquet.
Elles jouissent du poète; elles n'approfon-

dissent pas le savant. Elles le chargent de penser; elles se chargent de répandre, et par une certaine perversité de nature, par un certain amour de l'inattendu et du surprenant, elles répandent plutôt le mal que le bien.

Les femmes ont été longtemps exclues de la Sorbonne, quoiqu'elles fussent de tout temps admises au Collège de France. C'est peut-être par souvenir de l'ancienne Sorbonne, qui rendait des sentences de théologie, et qui n'a de commun que le nom, avec celle de Saint-Marc Girardin et de Caro. Caro était depuis dix ans professeur en Sorbonne, quand un ministre leva cet ostracisme et appela les femmes à fréquenter la Sorbonne, comme François Ier, le fondateur du Collège de France, les avait jadis appelées à fréquenter la Cour. M. Caro aimait mieux les étudier et même les catéchiser chez elles que chez lui. Mais elles vinrent plutôt à lui qu'à ceux qu'elles ne connaissaient pas, et je puis dire sans blesser ses collègues, qui sont aussi

nos confrères, et un peu mes anciens élèves,
qu'il y avait en lui une certaine habileté et
un certain charme et une sorte de jeunesse
encore conservée sous les cheveux grison-
nants qui expliquaient cette préférence. Elles
vinrent donc, et la mode s'y mêlant, elles
vinrent en foule. Chose nouvelle, il y eut
désormais des équipages à la porte de votre
amphithéâtre.

Je ne vous dirai pas qu'il fut plus encombré que par le passé; la foule a suivi M. Caro
fidèlement pendant vingt-quatre ans. Il ne fut
pas plus encombré; il le fut autrement. Le
professeur, en présence de cet envahissement, ne changea rien à son enseignement
et à sa méthode. Il garda les mêmes sujets,
fit les mêmes démonstrations, avec la même
sévérité, et ne chercha pas davantage les
applaudissements. Ceux qui ont fréquenté ses
leçons sont unanimes pour dire qu'elles
étaient souvent difficiles à suivre. Le maître
était très clair, parce qu'il avait de la précision dans l'esprit et une belle langue, très

française, très limpide, très logique, qu'il
maniait avec une facilité sans égale; mais
cette clarté, après tout, n'était qu'une clarté
relative. Il avait beau dire admirablement ce
qu'il disait; ce n'en était pas moins de la philosophie, et de la philosophie parfois très
abstruse. Il ne faisait grâce de rien, parce
que son esprit avait horreur des lacunes et
que son sujet ne s'y prêtait pas. Le nouvel
auditoire tenait bon. Sans nul doute, une
partie des nouvelles venues restait là par
impossibilité de déserter, ou par humiliation
d'avouer sa défaite; mais je crois que le plus
grand nombre resta jusqu'au bout, précisément parce que les leçons étaient sérieuses
et fortes. M. Caro ne faisait aucune conces-
sion à leurs engouements. Il rencontrait à
chaque pas les écrivains dont elles font leurs
idoles, et qui leur ôtent doucement leurs
croyances en ayant l'air de les appuyer; mais
plus il voyait le mal, plus il appliquait fortement le remède. C'est devant elles qu'il combattit les philosophes par à peu près, grands

hommes de la décadence qui procèdent par la séduction et émeuvent au lieu d'éclairer. Le contraste était complet, et celui qu'on a quelquefois accusé de se faire le complaisant de la philosophie sentimentale, en a été au contraire le plus constant, le plus courageux et le plus redoutable adversaire.

Un ministre de grand talent, à qui on reprochait je ne sais quelles contradictions, dit un jour à la tribune : « Ce ne sont pas des contradictions ; ce sont des opinions successives. » On rit beaucoup de cet euphémisme. M. Caro fut toute sa vie le grand explorateur de ces opinions successives, familières à tous ceux qui remplacent les idées par des sensations, et ne sont que des poètes sous le nom de philosophes. Il les bravait en face et n'épargnait pas même ses amis. Je ne puis le suivre dans cette voie ; je n'ai pas ses immunités. Il avait une façon de discuter qui mettait toujours à l'abri l'honneur et le talent de son adversaire. Il n'était impitoyable que pour la doctrine. J'en veux citer, parmi

les morts, deux exemples éclatants : Littré et
George Sand.

Il fait un livre sur Littré. Entendez bien
que c'est un livre contre le positivisme, de
même que quand il fait un livre sur Gœthe,
c'est le panthéisme qu'il combat. Mais avant
d'exposer la doctrine de Littré, il raconte sa
vie ; et la vie de Littré, c'est la vie d'un saint.
Le biographe est si sincèrement convaincu
de la vertu de son héros, qu'il semble, en le
lisant, qu'on ait sous les yeux un panégyrique.
Il rend le même hommage à son talent.
« Aucun élève, aucun ami de M. de Littré
n'aurait pu parler de lui avec un respect plus
affectueux, ni éclairer d'un plus doux rayon
cette physionomie austère[1]. » Il se retrouve
ensuite et se ressaisit en quelque sorte en
combattant à fond la doctrine. Il aurait pu
s'en prendre à Comte, puisque Littré avait la
modestie de le proclamer son maître ; mais,
fidèle à ses habitudes d'esprit, il prenait le

1. M. d'Haussonville, *l. l.*, p. 12.

positivisme sous la forme où il est le plus accessible et par conséquent le plus dangereux.

« On dit qu'on ne lit plus George Sand. » Tel est le premier mot du court et charmant volume qu'il lui a consacré. Puisqu'on ne le lit plus, pourquoi le combattre? C'est qu'on l'a beaucoup lu, c'est que Caro lui-même l'a beaucoup lu et beaucoup admiré ; c'est qu'on le relira peut-être, car il y a une mode pour les romans, et cette mode a des retours. Ceux-ci auront toujours des chances de renaître tant qu'il y aura des admirateurs de la langue française. C'est surtout parce qu'ils ont laissé une longue trace dans les âmes, en faisant une nouvelle popularité à la thèse de Rousseau sur l'identification de la passion et de la vertu. Ennemi déclaré de cette thèse qui est la négation absolue de la morale, Caro ne pouvait se dispenser de la combattre dans son plus populaire interprète. Il le fait sans affaiblir aucun de ses arguments, sans dissimuler aucune conséquence ; et, grâce à une habileté merveilleuse, la dignité de la femme n'est pas effleurée, un talent qui touche au génie n'est pas abaissé. Tout en réservant son opinion philosophique, il se livre à l'enchantement d'un art dont il désapprouve l'emploi[1].

Il semble que celui qui respectait ses adversaires devait vivre entouré du respect universel ; et ce fut en effet la destinée de M. Caro. Chacune de ses leçons, chacun de ses articles était un succès. A la Sorbonne, il était au premier rang comme le professeur le plus justement populaire. Des applaudissements unanimes, prolongés, répétés, couvraient toujours ses dernières paroles. Dans les soutenances, où chaque professeur soutient tour à tour, sous les yeux de ses collègues, une sorte de joute contre le candidat au doctorat, il déployait une érudition, une verve éloquente et une fécondité d'argumentation, qui forçaient l'admiration des juges les plus

1. *Notice* de M. Martha, en tête du 1er volume de *Mélanges et Portraits.*

difficiles. La publication de ses livres augmentait encore sa renommée. Elle s'étendait au dehors. Quand nous l'envoyâmes, avec Pasteur, représenter l'Académie française au centenaire de l'Université d'Edimbourg, il rendit compte à l'Académie de l'accueil fait à nos délégués. Il ne parla que de Pasteur, dont le voyage en effet avait été une longue ovation. C'est par M. Gréard qui, dans cette même solennité représentait à la fois l'Académie des sciences morales, l'Académie française et la future Université de Paris, que nous apprîmes la réception faite à l'auteur de l'*Idée de Dieu*. Il était juste que M. Caro fût reçu avec un éclat particulier dans le pays illustré par Th. Reid, Dugald Stewart et Hamilton.

Rien ne manquait à son bonheur. Il occupait la chaire qu'il eût choisie entre toutes. Il appartenait à deux académies. Il était fêté dans le monde, acclamé dans l'Université ; il n'avait parmi nous que des amis. La *Revue des Deux Mondes*, qui est comme une insti-

tution publique dans notre pays, le comptait
parmi ses rédacteurs les plus aimés et les
plus autorisés; il avait à sa disposition le
Journal des Savants pour ses articles ésoté-
riques. Il passait l'été à Damps, au milieu des
villageois dont il était aimé et respecté, dans
une maison à peine plus ornée que les leurs,
mais où il trouvait le calme le plus absolu,
et le plaisir de travailler en paix. L'hiver, on
le retrouvait dans ce petit coin de la rue Thé-
nard, où passait tout ce qu'il y avait de plus
éminent dans le monde des lettres ; « dans
ce foyer illustré par deux talents, dont l'un
aimait la renommée, l'autre la fuyait, foyer
toujours paisible, trop peu de temps égayé
par une unique enfant, enlevée, hélas! dans
sa fleur, qui ne fut qu'une apparition de grâce
et de beauté[1]. » Ce malheur, dont il ne se
consola jamais, et qui changea, pour ainsi
dire, son âme, fut le seul orage dans le beau
jour de sa vie. On a parlé de quelques criti-

1. *Notice* de M. Martha, p. xiv.

ques venues dans les derniers temps et qui eurent même un retentissement dans son auditoire de la Sorbonne, mais ce ne furent que des attaques sans gravité et même sans malice, dont je ne parlerais pas, et que personne n'aurait relevées, s'il ne s'y était pas montré plus sensible que de raison. Il eut cette faiblesse, qui était une faiblesse d'enfant gâté. Il renonça même pendant les deux dernières années au cours qu'il faisait dans le grand amphithéâtre et ne fit plus que des leçons destinées à des esprits choisis, où on ne fut admis qu'avec une carte d'entrée. Il profita de cette transformation pour donner à son cours une valeur supérieure.

Pendant son long enseignement (un quart de siècle), chacune de ces leçons, qui coulaient si facilement de ses lèvres, avait exigé de lui une longue préparation et un grand effort. Cet effort, qui se renouvelait deux fois par semaine, joint à celui que lui coûtaient ses articles et ses livres, avaient épuisé sa santé. On ne s'en apercevait pas

au dehors à voir sa belle humeur et la façon
dont il disposait librement de son esprit dans
les conversations du monde. Ses amis plus
intimes ne s'y trompaient pas; ils consta-
taient la pâleur de son teint, un amaigrisse-
ment de mauvais augure; ils lui conseillaient
le repos; mais il ne voulut jamais se reposer.
Je crois que le travail était son seul moyen
de réagir contre le deuil secret et dévorant
de son cœur paternel. M. d'Haussonville
raconte une triste et significative anecdote.
C'était un soir, dans une maison où une pro:
vocation amicale l'avait mis en demeure
de défendre ses convictions philosophiques.
Après avoir prononcé en leur faveur un cha-
leureux plaidoyer : « Pour moi, s'écria-t-il
en terminant, plus je sens la mort, plus
j'affirme l'âme. » A l'accent dont il prononça ces mots, personne ne se méprit sur
le sens qu'il y attachait[1].

Il mourut, après une courte maladie, le

1. M. d'Haussonville, *Discours de réception à l'Académie française.*

13 juillet 1887. M. Himly, qui prononça, sur sa tombe, quelques paroles émues et touchantes, nous apprit que sa leçon était inscrite pour ce jour-là sur la feuille de service de la Faculté. Par une coïncidence singulière, il était inscrit pour une lecture à l'Académie, le jour même où nous lui rendions les derniers devoirs. Il est mort en travaillant; mort en combattant.

Je ne suis pas de ceux qui doutent de la jeunesse contemporaine. Je crois que nos jeunes gens sont devenus plus sérieux que leurs devanciers. Les cours sont mieux suivis dans les écoles; les examens sont dans une bonne moyenne; ce ne sont pas les étudiants qui remplissent les tavernes et autres lieux suspects; ce sont des désœuvrés et des déclassés qui se décorent du nom d'étudiants sans y avoir droit, comme dans un monde différent les nomades, les étrangers, les socialistes, revêtent la blouse et font nombre avec les ouvriers sans exercer aucune profession manuelle. De grandes associations d'étudiants se sont fondées, pour resserrer les liens de la fraternité et faciliter l'acquisition des moyens d'étude. Elles se tiennent en relations constantes avec les professeurs. Elles correspondent d'une université à l'autre, et même avec les étudiants des autres pays; et cette fraternité, qui a pour lien la science, est de bon augure pour l'avenir. Nous avons vu, à l'inauguration des nouveaux bâtiments de la Sorbonne, toute cette jeunesse, accourue de tous les coins de l'Europe, saluer le président de la République. Elle vient de l'acclamer encore dans les belles fêtes de Montpellier. Nos jeunes Français commencent à joindre à leurs études des exercices physiques. On s'en effraye, et je m'en réjouis. J'aime à voir la jeunesse déployer sa force dans tous les sens. Loin de craindre pour la culture de l'esprit, je crois que la vigueur corporelle ajoute quelque chose à l'alacrité de la pensée. Nous verrons de beaux garçons bien découplés monter sur l'estrade pour recevoir des prix de droit et de médecine, au lieu des enfants anémiques, surmenés par le travail, épuisés par l'inactivité qui composaient autrefois l'élite de nos écoles. J'ai vu la jeunesse de Paris quand je lui ai présenté mon ami Castelar, et je sais comment elle vibre aux accents de la liberté et de la morale. Je ne suis inquiet ni de ses nobles sentiments, ni de son ardeur pour l'étude ; mais, l'avouerai-je ? je suis un peu préoccupé de ses doctrines.

Je regarde les maîtres qui lui enseignent la philosophie au collège. Voilà Schopenhauer, voilà Darwin, voilà Bückner. De la vieille philosophie de Descartes, qui a fait les fortes générations du xviie siècle, et avec lesquelles on avait refait l'âme de la France dans la première moitié du xvie siècle, il n'est même plus question. Aux doctrines simples et mâles qui prêchaient l'action persévérante, l'obéissance au devoir, l'amour de l'humanité, on a substitué des doctrines compliquées et sophistiquées, qui dégoûtent les uns de la vie, les autres du sacrifice, et tout le monde du combat. J'ai tort de parler des professeurs : l'Université les choisit parmi les sages, et les maintient dans l'austérité et la simplicité de leur apostolat; mais les doctrines énervantes que je redoute pour nos enfants pénètrent de tous côtés dans leurs esprits par le monde extérieur. Ceux mêmes que nous condamnons barbarement à l'internat, ne sont pas tellement cloîtrés qu'ils échappent à l'influence des doctrines ambiantes. Ils les retrouvent au théâtre, dans les romans, dans les journaux, dans les jugements du jury, dans les discours de la tribune, dans les conversations de la famille. Ils voient une partie de leurs concitoyens occupés à supprimer violemment toute idée religieuse, sous prétexte de liberté. On supprime d'abord la religion, toute religion, la métaphysique, toute la métaphysique; on s'applique à rendre Dieu impopulaire; et puis, comme il faut une règle à la société, et une direction aux esprits peu éclairés, on leur fournit, en cinquante pages, une morale.

Quelle morale? Celle de Schopenhauer, renouvelée des Bouddhistes, et aboutissant à l'indifférence de tout et même de la vie; ou celle de Rousseau, qui établit la souveraineté de la passion; ou celle de Comte, qui ne se sauve de la suppression de toute règle de conduite qu'en reniant ses propres principes, et en couronnant la négation de la métaphysique par une sorte de mysticisme; ou celle de Darwin, qui détonne un peu dans la bouche des démocrates et qui, au contresens métaphysique de faire contenir le plus par le moins, ajoute le contresens social et moral de légitimer et de consacrer l'écrasement du droit par la force.

Voilà, messieurs, les périls qui menacent, par notre faute, notre jeunesse et la société. M. Caro les a vus, dès son entrée dans la carrière. Il en a, tout jeune, dressé la liste. Il les a étudiés, résumés, démasqués; il en a montré les conséquences dans leur nudité. Il les a combattus par la logique, par l'observation, par le sentiment, tantôt remontant au livre des philosophes, tantôt poursuivant la trace de leurs doctrines sur la scène, dans les fictions des poëtes et dans les futiles conversations du monde. Dans sa chaire et dans les soutenances du doctorat, dans les académies, dans les journaux, dans les revues, on peut demander quel est le jour, quelle est l'heure où il a cessé de combattre ces ennemis particuliers. C'est aux spiritualistes impénitents, aux adorateurs de la Providence, aux fervents défenseurs de l'immortalité de l'âme et de sa liberté, à ceux qui disent avec La Mennais que le sacrifice seul est fécond, c'est à eux de l'en glorifier et de l'en remercier. Semblable aux prêtres qui portent constamment le costume de leur ordre pour se mieux rappeler leur mission, il combattait le bon combat, même dans les relations du monde, ce qui faisait dire à ceux qui ne comprenaient pas la grandeur de son rôle, et la hauteur de son âme, qu'il était professeur jusque dans les salons.

Oui, professeur et moraliste, toujours et

partout, depuis son enfance dans la maison
de son père où il trouvait de si grands exemples, et jusque dans les bras de la mort;
aimable en même temps, et simple, par une
grâce particulière de sa nature. Je disais
tout à l'heure qu'il est mort en combattant;
je pourrais ajouter qu'il est mort en souriant : une belle vie, en une seule bataille,
qui a duré trente ans!

NOTICE HISTORIQUE

SUR LA VIE ET LES TRAVAUX

DE

LOUIS REYBAUD

Lue dans la séance publique annuelle de l'Académie des sciences morales
et politiques du 17 décembre 1887.

MESSIEURS,

Je me trouvai placé, en entrant à l'Académie des sciences morales et politiques, à côté de M. Louis Reybaud. Les séances de notre Académie sont souvent très intéressantes. Elles l'étaient alors d'une façon toute particulière par la présence d'un certain nombre de causeurs illustres, qui faisaient le charme des salons de Paris, et qui, naturellement, faisaient aussi le charme du nôtre. La science s'y montrait environnée de toutes les grâces du monde. Ceux qui n'ont eu-

tendu M. Guizot qu'à la tribune ne connaissent que très imparfaitement cette parole qui,
majestueuse et puissante dans une assemblée
politique, devenait familière, et quelquefois
même enjouée dans l'intimité. M. Cousin,
tout le monde le sait, était le roi de la conversation. Anecdotes, traits d'esprit, curio-
sités inédites, vues profondes, détails charmants, tout se pressait en abondance sur ses
lèvres. Nul n'était plus redoutable et plus
impitoyable dans l'ironie. M. Giraud, qui
était un jurisconsulte, lui tenait tête, en histoire et en littérature, avec une érudition très
sûre et très étendue. M. Michel Chevalier,
dont les écrits étaient devenus graves avec
le temps, retrouvait son ancienne verve à
l'Académie. M. Hippolyte Passy, très écouté,
très respecté et très singulier, très indifférent
à tous ces jeux d'esprit, quoiqu'il les comprît
à merveille, donnait une note grave dans ce
brillant concert. Nous n'avions plus M. Michelet ; mais M. Michelet brillait surtout dans
le monologue, et il aimait mieux, pour audi-

toire, de jeunes écoliers que de vieux académiciens. Il arrivait souvent, surtout quand
M. Cousin parlait, et qu'il chantait une an-
tienne à quelque philosophe d'une autre
paroisse, que l'Académie éclatait de rire.
Mon voisin regardait de tous ses yeux, et me
disait : « De quoi rit-on? » Je ne pouvais pas
toujours lui répondre, parce que, pour lui
répondre, il fallait crier, et qu'il y a des
choses qui ne se disent qu'à l'oreille. Je pris
le parti de lui écrire. Il m'écrivit aussi.
« Mais, lui disais-je, je ne suis pas sourd. —
C'est que je n'entendrais pas ma voix, je
pourrais parler trop haut, attirer l'attention,
gêner l'Académie. » Nous avions l'un et
l'autre la plume à la main pendant toutes les
séances : et quelquefois, quand par hasard,
— par très grand, par très grand hasard, —
la lecture était ennuyeuse, nos correspondances roulaient sur la politique, sur des
bruits de salon. Je suis sûr qu'en nous lisant
on nous aurait pris pour des écoliers. Nous
n'étions jeunes ni l'un ni l'autre, quoiqu'il y

ait de cela un quart de siècle. La séance finie, Louis Reybaud prenait avec soin tous nos petits papiers et les serrait comme choses précieuses dans son portefeuille. Peut-être les relisait-il dans ses moments de solitude, comme ces désœuvrés qui font la partie avec un mort.

Marie-Roch-Louis Reybaud est né à Marseille le 15 août 1799. Il fit de bonnes études au collège de Juilly. Son père était négociant. Il fit, pour sa maison, de nombreux voyages dans le Levant et en Amérique. Possesseur, à vingt-neuf ans, d'une petite fortune, il quitta Marseille pour Paris et le commerce pour les lettres.

Je dirai d'abord ici qu'il a été homme de lettres toute sa vie, et qu'il n'a jamais été autre chose; ni professeur, ni administrateur, ni homme d'affaires en quelque genre que ce soit. Rien ne lui aurait été plus facile que d'avoir une place après 1830. Il était ami de M. Thiers, qui connaissait son mérite. Il fut député pendant quelques années, et député très occupé dans les grandes commissions. Il ne voulut rien demander ni rien accepter. Sa plume lui suffisait ; il tint à honneur d'être indépendant par sa position comme il l'était par son caractère.

Il chercha longtemps sa voie. Il fit des vers, des récits de voyage, des romans, des pamphlets, de l'histoire, de l'économie politique. A ne consulter que cette nomenclature, il faut dire de lui que c'est un polygraphe. Il a dû ses plus grands succès à l'économie politique. Il était classé chez nous dans la section de morale, parce qu'il avait succédé à Villeneuve-Bargemont. Mais Villeneuve-Bargemont lui-même était moins un moraliste qu'un économiste. Il est tout simple que nous ayons quelquefois, dans la section de morale, des économistes et des philosophes. Louis Reybaud n'y était pas déclassé. Peut-être l'auteur de *Jérôme Paturot* et des *Études sur les réformateurs socialistes* était-il là à sa véritable place.

De même, dans un autre ordre d'idées, il

était arrivé par un long circuit à ses opinions définitives. Il avait été républicain avant la République, quand les républicains étaient bien clairsemés et bien persuadés eux-mêmes que la République ne reviendrait plus. Elle revint, en 1848, et quand elle fut revenue, Louis Reybaud, qui était un républicain de la veille, et qui, à ce titre, pouvait prétendre à tout, ne se sentit pas, en se tâtant, très convaincu d'être un républicain du lendemain. Ce qu'il vit de plus clair dans ses convictions, c'est qu'il était à la fois très conservateur et très libéral. Il fut ennemi de l'Empire, parce que l'Empire n'était pas libéral; il accueillit avec empressement la République libérale de M. Thiers. Quand la République, par une confusion d'idées dont l'histoire offre plusieurs exemples, prit des mesures contre la liberté de conscience au nom de cette liberté même, son ferme esprit resta fidèle à ses opinions de 1848 et de 1872. Il était de ceux qui professent qu'on ne peut être sûr d'aimer et de comprendre la liberté que quand on aime, et que l'on comprend la liberté des autres.

L'heureux homme ! Son histoire est presque terminée par ces quelques mots. Il ne me reste qu'à parler de ses livres.

Il en a fait beaucoup. Mettons que ses œuvres complètes fassent cent volumes : elles feraient, en comptant bien, davantage. Il y a au moins cinquante volumes que je sacrifierais volontiers : il y en a bien quarante, parmi les autres, qui ne me causeraient pas de grands regrets. Je vais en nommer quelques-uns, sur ce grand nombre, pour en donner quelque idée, et nous nous arrêterons ensuite, si vous le permettez, sur les huit ou dix volumes qui méritent de lui survivre.

Il a d'abord collaboré à la *Dupinade* et à la *Némésis*. La *Dupinade* est presque introuvable ; il faut s'en consoler. Tout le monde a lu la *Némésis* et chanté la gloire de Barthélemy. Je n'en suis pas fort engoué. J'y vois de fort beaux vers et un nombre beaucoup plus grand de vers insipides. Je ne puis

supporter une satire que quand elle est courte.
Je n'acquiesce pas à ce parti pris d'épancher
de la haine en plusieurs milliers de vers. Je
plains le poète de vivre dans cet état d'esprit,
et je ne me soucie pas de m'y mettre moi-
même à sa suite. Je trouve souvent, en lisant
la *Némésis*, que c'est l'auteur qui se trompe.
J'applaudis, dans ce fatras, à quelques
élans d'indignation magnifiques. Louis Reybaud n'a collaboré qu'aux premiers chants.
Je ne crois pas que les beaux vers soient de
lui, et j'ai pour cela deux raisons : c'est
qu'en lisant les contemporains, je ne le vois
jamais associé à la gloire de l'auteur principal, et qu'il a eu la maladresse de publier
des vers composés et signés par lui seul. Ils
sont, je le déclare, d'une platitude désespé-
rante. On faisait, dans ce temps-là, plus de
vers qu'à présent ; tout le monde en faisait ;
j'en ai lu de M. Guizot, qui ne valent rien ;
M. de Rémusat en a laissé des volumes ;
ceux-là ont eu dans leur temps beaucoup de
succès ; ils n'en auraient plus autant aujour-

d'hui. Ceux de Louis Reybaud seraient sifflés.
n'en parlons plus.

Vers le même temps (aux environs de
1830), il écrivit dans plusieurs journaux : le
Voleur politique, la *Révolution de* 1830, la
Tribune, le *Constitutionnel*, le *Corsaire*. Il
collabora ensuite au *National* sous le nom de
Léon Durocher. Il avait du bon sens et de
l'esprit, les deux qualités essentielles pour
faire un bon journaliste. Je ne doute pas
qu'il n'eût conquis un rang élevé dans la
presse, s'il en eût fait sa principale affaire.
Il a fait comme nous faisons tous, il a choisi
quelques-uns de ses articles pour les publier
en volumes ; mais qu'est-ce qu'un article ?
C'est une improvisation. Le journal transformé en livre, n'a plus les immunités du
journal ; il parle à un public plus éclairé et
plus froid ; il ne retrouve plus l'assentiment
passionné du premier jour. L'auteur refait
son article pour le transformer en chapitre,
et il perd son originalité à cette refonte ; ou
s'il lui laisse son ancienne forme, il a soin de

choisir parmi ses articles les moins fantai-
sistes, ou, pour parler plus exactement, les
plus plats, ceux qui ont le moins de chance
de choquer, et par conséquent le moins de
qualités pour plaire. Quand le livre ne supprimerait que le péril, n'est-ce donc rien?
Le journaliste dans son article est un combattant, comme l'orateur à la tribune ; sa
puissance est en proportion des risques qu'il
court. Si un homme marchait sur une corde
raide à deux pieds au-dessus du sol, personne ne se dérangerait pour le regarder.
Mettez la corde au-dessus du Niagara, il aura
vingt mille spectateurs.

Il faut qu'un journaliste politique en
prenne son parti ; son œuvre périt à mesure
qu'elle sort de ses mains. Il n'est pas grand
par ce qu'il fait, mais par l'action qu'il
exerce ; et on n'exerce pas une action puissante quand on est seulement journaliste à
ses heures, comme le fut presque toujours
M. Reybaud.

On lui avait confié la direction de l'*Histoire*

scientifique et militaire de l'expédition française en Egypte. Cette direction l'occupa plusieurs années. L'ouvrage ne comporte pas moins de dix forts volumes. M. Reybaud en écrivit six pour sa part ; ce sont ceux qui comprennent les campagnes de Bonaparte, de Kléber et de Menou. Il fut aussi chargé du *Voyage autour du monde,* de Dumont d'Urville, et du *Voyage dans les deux Amériques,* de d'Orbigny. Il s'acquittait avec aisance et talent de ces tâches difficiles ; il avait l'amour de l'exactitude, un esprit clair et méthodique, un style agréable, sans être brillant. Ses propres voyages l'avaient préparé à raconter ceux des autres. Mais, ici encore, il n'y a pas à se le dissimuler, le genre est faux, l'œuvre est condamnée à la médiocrité. De même qu'un livre fait avec des articles n'est pas un livre, un voyage écrit par quelqu'un qui est resté chez lui n'est pas un voyage. Dans la correspondance de Jacquemont, Jacquemont nous intéresse autant que les Indous. Celui qui a dit : le moi est haïssable, ne pensait pas aux voyageurs. Quand je lis un voyage, je veux être en conversation avec celui qui l'a fait. Je veux bien qu'il ne parle pas de lui, mais j'exige qu'il parle pour lui. S'il ne fait que traduire les notes d'un autre, il n'a droit ni à ma confiance ni à mon amitié.

Notre infatigable écrivain, qui a fait de l'histoire, des voyages, du journalisme, de la poésie, a fait aussi des romans. C'est même ce qu'il a fait le plus. Pendant plusieurs années il a tenu son rang, et même un des premiers rangs, parmi les romanciers de second ordre. Le second ordre est très honorable, quand on compte au premier les Alexandre Dumas, les George Sand et les Balzac. Il a essayé un peu de tous les genres : la *Vie de Corsaire* est un roman d'aventures; la *Comtesse de Mauléon* est une étude de mœurs. Il aime à étudier des types, comme par exemple l'employé dans *Édouard Mongeron*, le *Dernier des commis voyageurs*, le *Coq du Clocher*. Je ne ferai pas l'énumération

de ses œuvres en ce genre. Elle serait longue.
Si je l'essayais, vous diriez peut-être avec
dédain : De ces vingt romans, je n'en connais pas un seul. Ce n'est pas une raison pour
qu'ils soient mauvais. Il y a des romans qui
sont d'admirables et durables chefs-d'œuvre,
comme le *Don Quichotte*. Il y en a d'autres
qui sont aussi des chefs-d'œuvre, et qui
commencent, au bout d'un demi-siècle, à
être moins admirés. Il y en a enfin qui, après
quelques années, gardent leur réputation et
perdent leur vogue. On se sent obligé de les
avoir dans sa bibliothèque ; on se dispense
de les lire. Au commencement du siècle, on
lisait *Clarisse Harlowe* avec passion. La *Nouvelle Héloïse* donnait la fièvre. Je ne crois
pas calomnier la génération nouvelle en
disant qu'elle préfère nos grands romanciers
modernes. Encore si elle ne préférait que les
plus grands ! Elle ne sait plus le nom des
romans de madame Cottin, qui faisaient pleu-
rer tout le monde dans ma jeunesse, même
les académiciens. Elle ne connaît de Pigault-

Lebrun que son illustre neveu. Permettez-
moi donc de ne pas être trop humilié pour
M. Louis Reybaud de l'obscurité relative où
sont tombés des livres tels que *César Falem-
pin*, la *Vie à rebours, Splendeurs et aventures
de Narcisse Mistigris*. On y trouverait, si on
voulait les lire, beaucoup d'esprit et de bonne
humeur, des observations fines, du sentiment
sans exagération, de la gaieté sans indécence,
et du plaisir sans remords. Mais on a, je le
sais, autre chose à faire que de lire de pareils
livres. Ceux-ci ne sont que naturels; ils ne
sont pas naturalistes.

Je viens de lire tous les romans de
M. Louis Reybaud. J'en ai fait une lecture
sommaire, à raison de deux romans par
jour. A part quelques-uns, où il ne s'est proposé que de distraire le lecteur, ils contiennent tous la satire d'un vice ou d'un
ridicule. Il ne fouille pas profondément,
comme un Balzac; il se contente de regarder
avec de bons yeux, sans se donner trop de
peine. Ce qu'il raconte ne l'émeut pas, ou

l'émeut bien légèrement ; mais on comprend,
et cela lui suffit, qu'on a affaire à un esprit
juste et à un cœur bien placé. Il était difficile qu'avec ces qualités et ces dispositions,
il se bornât toujours à raconter des aventures imaginaires. Il devait sentir à la longue
le besoin d'observer directement la société,
de chercher un remède pour ses défauts,
et de discuter les remèdes offerts par des
réformateurs trop aventureux. Nous venions
de traverser trois révolutions : l'une par la
philosophie, l'autre par la guillotine et la
troisième par le canon. Revenus en pleine
paix, sous l'abri des lois, le gouvernement
nous conseillait de reprendre la foi de nos
pères, et un peu leur législation, ce qui
ne faisait plaisir qu'aux anciens émigrés. En
même temps, et comme pour faire contraste,
les utopistes nous conviaient à des révolutions pacifiques, dont on riait, en attendant
d'en souffrir, et peut-être d'en périr. M. Reybaud se dit qu'il fallait au moins examiner
attentivement ces nouvelles doctrines ;

qu'elles faisaient déjà des adeptes, qu'elles feraient sans doute des dupes, qu'il était temps d'en tirer ce qu'elles pouvaient contenir d'utile, et de signaler ce qu'elles avaient de dangereux. Il publia, dans la *Revue des Deux Mondes*, une série d'articles sur Saint-Simon, Fourier, Owen, Auguste Comte. Le succès fut universel. Il avait enfin trouvé le sujet qu'il devait traiter en maître, avec une précision, une impartialité, une clarté, que personne, à ma connaissance, ne devait porter aussi loin que lui. Il a fait de ces articles un ouvrage d'une lecture facile. Les articles de la *Revue des Deux Mondes* sont toujours, par la fermeté des vues et la sûreté des informations, les chapitres d'un livre ; ils ne sont des articles que par la limpidité de l'exposition et la vivacité du style. M. Louis Reybaud fit quelques additions, ajouta quelques appendices, et il en résulta deux volumes que l'Académie française couronna en 1841. C'est pour ces deux volumes, messieurs, que, quelques années après, M. Louis Reybaud fut appelé à siéger dans notre Académie. Il va sans dire que *Jérôme Paturot*, publié en 1843, et dont le succès fut immense, ne nuisit pas à son élection.

M. Louis Reybaud, qui ne se vante jamais, dit qu'il a eu le triste honneur d'introduire le mot *socialisme* dans la langue française. C'est une assertion dont je suis hors d'état de vérifier l'exactitude. Avant de commencer l'histoire des socialistes modernes, il rappelle en quelques mots celle des socialistes anciens. Ce sont des prédécesseurs glorieux, puisqu'il compte parmi eux Platon, Thomas Morus et Fénelon. Quand il publia son chapitre sur les saint-simoniens, l'école n'était pas, comme aujourd'hui, entrée dans l'histoire. Enfantin n'avait eu autour de lui que des jeunes gens, presque des adolescents. Ils étaient dispersés comme famille, mais ils étaient vivants et même puissants, car la plupart étaient des esprits d'élite qui s'ouvrirent dans le monde une large trouée. Le livre de M. Louis Reybaud n'était ni un pamphlet ni une apologie. Il ne voulait satisfaire ni les ennemis de toute innovation, ni les adversaires de toute tradition. L'auteur put en entrant chez nous se trouver assis, sans éprouver aucun embarras, à côté d'un des représentants les plus illustres de l'école et de la famille saint-simonienne.

« Levez-vous, monsieur le comte, vous avez aujourd'hui de grandes choses à faire. » C'est avec ces mots que Saint-Simon, dès l'âge de dix-sept ans, se faisait éveiller tous les matins. Il servit sous Washington, et fut colonel à vingt-trois ans. Mais la campagne finie, il quitta pour toujours la carrière militaire. Dès sa première jeunesse, il rêva de fonder une grande école scientifique et un grand établissement industriel. Il n'avait que dix-neuf ans quand il envoya au vice-roi du Mexique un mémoire sur la jonction des deux océans au travers de l'isthme de Panama. Il trafiqua, pendant la Révolution sur les domaines nationaux : il lui fallait de l'argent, comme moyen d'action. A peine enrichi, il s'entoura de savants dont il fut le Mécène. Il se maria pour étudier le mariage, vécut un an dans le luxe et acheva de se ruiner. Le grand seigneur, l'ancien spéculateur enrichi, fut contraint d'accepter une place de copiste au mont-de-piété, qui lui rapportait mille francs par an. Il se passait de feu en hiver et vivait de pain et d'eau, pour fournir aux frais d'impression de ses livres. Pour avoir écrit que si la France perdait ses cinquante premiers savants, ses cinquante premiers artistes, ses cinquante premiers industriels, etc., en tout, les trois mille premiers savants, artistes et artisans, il lui faudrait au moins une génération entière pour réparer ce malheur, mais qu'elle pouvait perdre sans périr, et même sans souffrir, Monsieur, frère du roi, Monseigneur le duc d'Angoulême, tous les princes du sang, tous les ministres d'État, tous les évêques, tous les juges, et les dix mille propriétaires les plus riches parmi ceux qui vivent noblement, c'est-à-dire à ne rien faire, la Restauration lui fit un procès. Il le gagna. Il était exaspéré par la persécution et la misère. Il se tira un coup de pistolet, mais la balle n'ayant atteint aucune des parties organiques, il en fut quitte pour la perte d'un œil. Il vécut encore jusqu'en 1825. Le *Nouveau Christianisme* est l'œuvre de ses dernières années ; et je remarque en passant que la plupart des pourfendeurs de christianisme finissent par un nouveau christianisme.

Dans les derniers jours de sa vie, il avait trouvé le moyen de fonder le *Producteur*. Là se réunirent ses disciples, ayant à leur tête Enfantin et Bazard. Le *Producteur* ne put se soutenir. Ils eurent recours aux conférences de la rue Taranne, d'où sortit l'*Exposition de la doctrine*, puis à l'*Organisateur*, publication hebdomadaire. Enfin, au commencement de 1831, Pierre Leroux leur apporta le *Globe*. Ce fut leur époque glorieuse. La discorde se mit entre les deux chefs quand Bazard, esprit plus pratique, refusa de suivre Enfantin dans les conséquences extrêmes de la doctrine.

Les fidèles, les persévérants restèrent groupés autour d'Enfantin, qui leur donna asile dans une maison qu'il possédait à Ménilmontant. Ils prirent l'habit, chantèrent des hymnes, adoptèrent une règle, et, pour compléter la ressemblance avec les institutions monacales, furent visités par la misère. Les uns prêchaient, à Paris et en province, la nouvelle doctrine ; d'autres louaient leurs bras pour un salaire, et se résignaient aux plus humbles besognes. Ils furent sauvés, c'est-à-dire dispersés, en 1832, par un arrêt de la cour d'assises.

Telle est l'histoire de la secte. La doctrine est plus difficile à résumer, parce qu'elle aborde tout, depuis la nature divine jusqu'à l'organisation de la propriété, du travail et de la famille. Louis Reybaud la juge assez sévèrement en disant qu'elle ne se compose que de plagiats. Selon lui, elle n'est ni plus ni moins méritante au point de vue religieux que les autres réformes au petit pied tentées de nos jours « dans l'une et l'autre église, dissidente ou orthodoxe. » Elle n'a pas même l'éclat de la comédie théophilanthropique jouée vers la fin du siècle dernier. Dans les sphères de l'illuminisme et du mysticisme, les saint-simoniens copient sans les égaler Saint-Martin et Swedenborg; ils sont panthéistes en métaphysique; dans leur théocratie, ils refont les hiérophantes, les brames, les mages, les druides, les scaldes, en demandant à l'affection une obéissance absolue que ces prêtres, « mieux avisés », demandaient à la terreur. Leur morale n'est guère plus neuve. C'est, pour les relations entre les sexes, de l'épicuréisme compliqué de polygamie ou de polyandrie, le tout aggravé, au profit du prêtre, de quelque chose qui ressemble de bien près à l'ancien droit du seigneur.

Ce jugement est bien sommaire. Il ne tient pas compte de la différence entre la doctrine du livre de l'*Exposition*, rédigé par M. Carnot à la suite des conférences de la rue Taranne sous la direction de Bazard, et celle du *Nou-*

veau Livre, sorte d'Évangile ou de Khoran, publié par Enfantin à Ménilmontant après la scission. Il n'est pas très sérieux d'assimiler le saint-simonisme qui repose sur la croyance au progrès, et qui prononce cette belle formule: « L'âge d'or est devant nous! » à des sectes religieuses dont le dogme principal est la doctrine de la chute et la réhabilitation par la pénitence. Fonder le pouvoir sacerdotal sur l'amour, au lieu de le fonder sur la terreur, ce n'est pas une différence légère; c'est une opposition formelle, et qui constitue pour le saint-simonisme, non une infériorité comme M. Louis Reybaud le prétend, mais une supériorité éclatante. La réunion dans une même main du pouvoir spirituel et du pouvoir temporel n'est certes pas une nouveauté; mais c'est peut-être la première fois que cette unité ait été réclamée au nom de l'égalité absolue du spirituel et du temporel.

L'accusation de plagiat est donc mal fondée; et je note comme une particularité assez piquante que mon excellent ami M. Carnot, dans un curieux mémoire qu'il a communiqué à l'Académie, prétend au contraire que nous sommes tous plagiaires des saint-simoniens.

Et quand il serait vrai que le saint-simonisme n'est qu'une suite de plagiats, je ne sais pas ce qu'on pourrait en tirer contre lui. Les premiers âges du monde ont condamné les âges suivants à n'être que des plagiaires en philosophie ; nous réunissons d'anciennes formules à d'autres anciennes formules, pour former, avec des éléments anciens, un assemblage nouveau. C'est à cela, et à quelques développements très restreints, que se borne désormais notre esprit d'initiative. Il suffit de savoir un peu l'histoire de l'esprit humain pour trouver des ancêtres à toutes les découvertes. La grande gloire n'est pas d'inventer, mais de réaliser. Celui qui énonce une idée en passant et l'abandonne, est moins grand que celui qui la recueille et la fait vivre. On a beau me dire que Saint-Simon a rêvé de percer l'isthme de Panama. Je sais bien quel est l'homme qui va contraindre les deux Océans à mêler leurs flots.

M. Louis Reybaud dit que la politique et l'économie politique sont restées ce qu'elles étaient avant Saint-Simon. Oui, ce n'est pas Saint-Simon qui a créé cette formule : « Toutes les institutions sociales doivent avoir pour but l'amélioration morale, intellectuelle et physique de la classe la plus nombreuse et la plus pauvre. » Sans parler des philosophes anciens et modernes, et plus spécialement des philosophes français du xix° siècle, c'est la doctrine, c'est le langage de la Constituante. Mais n'est-ce rien de l'avoir répétée si souvent, et si haut, et avec une conviction si ardente, qu'elle est entrée plus profondément dans les esprits? Le *Globe* ne croyait pas innover quand il écrivait sur sa première page: « Tous les privilèges de naissance sont abolis. » Mais ces privilèges, abolis le 4 Août, avaient été restaurés par Napoléon et par la charte. « A chacun selon sa capacité, à chaque capacité selon ses œuvres. » Ce n'est qu'une règle de justice; mais le saint-simonisme en faisait un principe d'organisation sociale.

On a voulu voir dans cette formule la proclamation du communisme. M. Carnot dit avec raison qu'il ne faut pas la confondre avec la formule d'une autre école: « A chacun selon ses besoins. » Il ajoute que la maxime saint-simonienne est précisément la négation du partage égal des biens. L'inégalité dans la distribution est manifeste, mais il reste à demander à M. Carnot si ce qu'on distribue est la propriété, et si ce n'est pas seulement la jouissance. La propriété indivise, ou, comme on dirait à présent, le collectivisme, n'implique pas nécessairement la suppression de toute hiérarchie.

Ce qui est surtout condamnable chez les saint-simoniens, c'est la théorie de la femme libre, et l'intervention du couple sacerdotal dans le mariage. Ce fut l'échec d'Enfantin. Il avait fait dresser à côté du sien, pour la

femme-pontife, un trône qui resta vacant.
« La femme ne vient pas », disait-il mélancoliquement. Elle vint au contraire, non pour siéger, mais pour protester. Madame Bazard se chargea de la condamnation qui fut écrasante.

Rien ne diffère plus de la personne et de la doctrine de Saint-Simon que la personne et la vie de Fourier. Saint-Simon est noble, il combat en Amérique pour l'indépendance, il fait le commerce en grand, il se marie, il donne des fêtes, il se ruine. La pauvreté venue, il la supporte avec courage, sans jamais abandonner son œuvre. C'est une vie étrange, brillante et diverse. Fourier naît et vit dans une condition modeste. Je dirai en deux mots sa vie matérielle. Il est et reste commis-marchand. Tout jeune, il conçoit les premiers fondements de son système et passe sa vie à le perfectionner. Il n'a d'autre souci que de parvenir à publier ses livres ; pour le reste, tout lui est bon, il n'y songe pas. Il ne doute ni de son génie, ni de son succès, c'est-à-dire du succès futur de ses idées, et il vit par avance dans le monde enchanté qu'il décrit et qu'il prépare.

Les économistes veulent qu'on utilise tous les matériaux et toutes les forces de la nature physique ; et Fourier veut qu'on utilise tous les hommes, et toutes les aptitudes de chaque homme. Ce n'est pas utiliser un homme que de le surcharger de besogne, si cette besogne n'est pas celle à laquelle il est propre, car il souffre en la faisant, et il la fait mal ; tandis que, mis à sa place, son travail est un bonheur pour lui, et une heureuse fortune pour la communauté. Il n'y a pas de travail rebutant, il n'y a que des travaux mal répartis. Tous les mécomptes de l'humanité depuis qu'elle existe viennent de ce qu'elle a laissé certaines forces inactives, et qu'elle a mal employé les autres. Il y a un malentendu entre Dieu et nous depuis cinq mille ans.

Newton a expliqué le monde physique par l'attraction physique ; Fourier vient expliquer et régler le monde moral par l'attraction universelle passionnée. Les deux mondes sont analogues dans leur constitution, et doivent l'être dans leur loi.

Le centre de l'attraction universelle passionnée est Dieu. L'attraction vient de lui, le devoir vient de l'homme, et le devoir consiste uniquement à suivre l'attraction qui nous mène à Dieu. Cette attraction, qui n'aboutit qu'à la méditation et à l'extase dans le mysticisme, se produit par l'action en harmonie, c'est-à-dire dans le monde transformé suivant les idées de Fourier. En harmonie, tout est action et mouvement. L'attraction passionnée a pour résultat d'employer toute passion humaine et tout individu humain à son œuvre propre, ce qui implique la division du travail et l'association.

L'association n'est pas l'indivision. Notre penchant n'est pas de s'absorber, il est de coopérer. Nous apportons, dans la coopération, le capital, le travail ou le talent. Dans la société mal organisée, c'est au capital qu'est attribuée la plus grande part des produits; le talent vient ensuite. La proportion est renversée en harmonie, et le travail a la plus grande part parce qu'il représente la classe la plus nombreuse.

Dans l'organisation du travail humain, Saint-Simon s'appuie sur la hiérarchie des fonctions, et Fourier sur leur équivalence.

Platon, dans sa *République*, suppose un homme et une femme faits l'un pour l'autre, et qui seraient parfaits, s'ils pouvaient se rencontrer et s'unir; mais comme ils ne se rencontrent pas, et que le mariage entre deux êtres mal assortis engendrerait le désordre et introduirait un dissolvant dans l'État, il supprime le mariage et charge le magistrat d'assortir les couples dans des unions momentanées. Fourier adopte le même principe, et en décrit l'application avec une précision sévère et une surprenante abondance de détails. Il applique aux rapports entre les sexes sa théorie de la division des fonctions et les fait passer par trois degrés: les favoris et favorites, les géniteurs et génitrices,

et enfin, après ce double essai, s'il a réussi
au gré des contractants, les époux et épou-
ses. Telle est dans Fourier la puissance de
l'imagination qu'ayant conçu son utopie, il
la voit par les yeux de la pensée, comme il
voit par les yeux du corps le monde extérieur. Ce n'est pas un vœu qu'il exprime, ce
n'est pas une loi qu'il formule; c'est un
voyage qu'il raconte. Et son récit a dans un
si haut degré le caractère d'une description
minutieuse et sincère que sa foi, à la longue
devient communicative. Cette multitude de
détails dans lesquels il entre, et qui d'abord
paraissent puérils ou choquants, finissent
par donner à sa création les apparences de
la réalité ; on se laisse dominer par cette
foi robuste ; un détail explique l'autre ; Fourier apporte au service de ses démonstrations, qu'il faudrait appeler des descriptions,
une érudition souvent contestable, mais fort
étendue, l'érudition d'un homme qui a vécu
pour penser, et qui a constamment rapporté
à la même pensée toutes ses lectures et

ses observations ; il est souvent lourd et fatigant parce qu'il tient à être complet ; mais quelquefois ses descriptions deviennent brillantes et poétiques. C'est comme un rideau qui se lève tout à coup pour nous laisser voir une scène animée et radieuse. Il y avait dans ce rêveur, un philosophe ; dans ce philosophe, il y avait un poète.

Disons adieu à la poésie en arrivant avec Louis Reybaud à la philosophie d'Auguste Comte. C'est la philosophie positive, qui a fait tant de ravages et si peu de prosélytes, car si beaucoup s'inscrivent dans ses rangs, bien peu l'étudient, et parmi ceux qui la connaissent, le plus grand nombre fait des réserves. Elle est d'un accès difficile. Il suffit de nier Dieu et l'esprit, et de faire profession de ne croire qu'à ce qui tombe sous les sens pour se déclarer positiviste ; mais il faut avoir une grande somme de connaissances pour lire et comprendre les œuvres d'Auguste Comte, de Littré et de Stuart Mill.

Comte établit qu'il y a trois âges qui se

succèdent dans l'histoire de l'humanité, tout en se pénétrant dans les époques de transition : l'âge théologique, l'âge métaphysique et l'âge positiviste. L'âge théologique est encombré de dieux, et l'âge métaphysique, qui pourtant est un progrès, est encombré de fantômes. Le vrai philosophe, qui est le philosophe positiviste, n'affirme que ce qu'il voit, c'est-à-dire les faits extérieurs, et les étudie, non pour connaître leur origine ou leur fin, mais pour constater leur enchaînement, c'est-à-dire les lois de leur succession. Après les dieux mythologiques des premiers siècles, le Dieu abstrait de la raison a rendu des services provisoires, ne fût-ce qu'en simplifiant le nombre des chimères. Mais à présent son règne est fini, son utilité passée, et la science positiviste n'a plus qu'à le ramener poliment à la frontière.

Après avoir dans cette partie historique de son œuvre, enveloppé la religion et la métaphysique dans la même proscription, Comte entreprend de ramener les sciences véritables, c'est-à-dire les sciences qui ont pour objet le relatif, à une formule supérieure, qui les enchaîne dans une synthèse générale, selon l'ordre décroissant de leur généralité et l'ordre croissant de leur extension. Il y en a six : les mathématiques, la physique, la chimie, la physiologie, la biologie et la sociologie. Sa morale, qui logiquement, devrait être l'intérêt, ou l'égoïsme, est au contraire, le sacrifice ou l'altruisme, parce qu'il obéit au principe de la supériorité du général sur l'individuel.

Ainsi l'œuvre de Comte comprend deux parties : la négation de tout ce qui est transcendant; la coordination de tout ce qui est relatif. Quoique la première partie fût purement négative, il la regardait comme le plus grand service rendu par lui à la science et la preuve la plus concluante de son génie; car l'humanité avait usé tant de force pendant tant de siècles pour donner à des chimères une apparence de réalité, qu'il fallait une vue perçante et une résolution courageuse pour abandonner ces fantômes et pour contraindre la philosophie à concentrer enfin toute son action sur un objet saisissable. Il lui semblait qu'en arrachant l'esprit humain à ce long rêve, il l'avait ressuscité. Les sensualistes, ses devanciers, ne sont pas des positivistes, car ils tirent tout des sens, même l'absolu, qui n'existe pas.

L'idée de l'analogie scientifique universelle est bien antérieure à M. Auguste Comte. Les jésuites particulièrement en avaient été hantés. C'est elle qui donna naissance à l'Encyclopédie méthodique ; mais cette grande entreprise faite pour l'unité, aboutit dès ses premiers pas à la confusion. Ampère, auteur de la *Mathésiologie*, et Geoffroy-Saint-Hilaire, avec son *Unité de composition* et sa *Théorie des analogues*, avaient travaillé, au commencement du siècle, à la synthèse des sciences : mais Comte le fit avec plus de rigueur scientifique et en poursuivant, jusque dans l'intérieur de chaque science, son système général de coordination. L'idée ne lui appartenait pas : personne ne s'y attacha avec plus de suite et d'application.

Saint-Simon le compta pendant six ans au nombre de ses disciples. Il lui rendit même des services, car il avait, au temps de sa prospérité, la main ouverte. Mais Comte ne pouvait être le disciple ni l'ami de personne. Il avait trouvé, de bonne heure, l'idée fondamentale de son système, et, depuis cette époque, il croyait seul avoir raison. Fourier, qui se mettait sur le même rang que Newton, n'était pas un modèle de modestie; mais il n'avait pas l'orgueil agressif. Il se sentait beaucoup; il ne demandait pas d'hommage. Même son premier livre parut sans autre nom d'auteur que son prénom de *Charles*. Auguste Comte voulait s'imposer; imposer sa personne, comme sa doctrine. Sa vie n'avait pas été heureuse. Il entre avec un des premiers rangs à l'École polytechnique, et il en est chassé presque aussitôt à la suite d'une échauffourée. Il donne des leçons; il en trouve peu. A un certain moment, il n'a qu'un élève; cet élève est un de mes grands amis, je veux dire un de mes illustres amis : c'est La Moricière. Il finit par être répétiteur à l'école et examinateur d'admission, mais il perd son emploi à la suite de démêlés avec François Arago. Il ouvre un cours chez lui, pour exposer son système, et attire quelques personnes illustres, Humboldt, Poinsot, de Blainville; mais, à la troisième leçon, une discussion s'élève entre lui et Bazard. Elle dégénéra promptement en querelle. Il fut même question de duel. A la suite de cette scène, Comte eut un accès de folie furieuse. Il fallut l'enfermer chez Esquirol.

Il était marié, mais seulement à l'état civil, ce qui était rare alors, et d'autant plus scandaleux. Ce mariage l'avait brouillé avec sa mère qui habitait Montpellier. Elle accourut pourtant à la nouvelle de sa maladie, et parla de le faire interdire et interner dans une maison religieuse. La jeune madame Comte déploya alors un grand caractère. Elle réclama son mari, fit griller chez elle les fenêtres, ne

voulut pas d'intermédiaire entre elle et lui, et
le guérit à force de soins en quelques semaines.
La mère avait pour âpre conseiller celui qui
disait alors : « Je leur montrerai ce que c'est
qu'un prêtre, » et qui nous montra depuis
ce que c'est qu'un révolté. La Mennais lui
souffla d'exiger le mariage religieux. Comte
à peine guéri s'y soumit en maugréant, et eut
une rechute. Il s'échappa, courut au pont des
Arts et se jeta à la Seine. On le sauva, on le
rapporta, confus, presque guéri. Un séjour à
Montpellier acheva la cure. Madame Comte
fut mal récompensée. Quelques années après,
sur une querelle futile, Comte provoqua une
séparation, à laquelle elle consentit.

Au moment où il se trouvait sans place,
et par conséquent sans ressources, las de
s'adresser au gouvernement, qui avait repoussé toutes ses demandes, il conçut l'idée
de se faire entretenir par ses disciples. Il leur
donnait la lumière ; ils lui donneraient la vie
matérielle. Il fixa lui-même sa liste civile à
cinq mille francs. Aucun souscripteur français

ne se présenta. Stuart Mill réunit quelques amis anglais, qui firent les frais de la première année. Ils s'arrêtèrent là. M. Comte avait espéré que ce serait une pension annuelle, et fut vivement irrité de ce qu'il appelait leur abandon. M. Littré reprit l'idée en France et la fit aboutir. Il se chargea même d'être le trésorier.

Mais il survint dans les idées de Comte un changement bien inattendu. Un jour vint où il ne se contenta plus d'être chef d'école. Il voulut avoir son église. Une religion fondée sur le positivisme, personne n'aurait imaginé que cela fût possible, ni que cela pût entrer dans la tête d'Auguste Comte. Il est vrai que c'était une religion bien peu religieuse. Il rassembla ce qui lui restait de disciples pour leur communiquer son manifeste, et les avertit, avant de commencer la lecture, qu'il fallait l'écouter en silence. « Je ne veux pas, dit-il, d'observations; je n'en souffrirai aucune. » L'ouvrage parut, en deux volumes, de 1844 à 1848, sous ce titre : *Système de poli-*

tique positive ou Traité de Sociologie instituant la religion de l'humanité. M. Littré, après réflexion, se sépara. Il établit, dans une courte note, que Comte avait quitté la méthode objective pour la méthode subjective, et revenait à l'hypothèse religieuse. Son maître lui réservait une autre surprise. Lui qui s'était marié civilement, qui avait accepté d'être le défenseur de Marrast devant la cour des pairs, et qui s'était laissé condamner à plusieurs jours de prison plutôt que de servir dans la garde nationale, il se rallia au coup d'État de 1851. Je dois ajouter, pour être juste envers sa mémoire, qu'il ne gagna rien à cette conversion. Était-ce même une conversion? Il n'avait jamais été opposé à la doctrine des coups d'État. Dans une adresse de l'Association polytechnique au roi Louis-Philippe, rédigée par lui, il s'était avisé de déclarer que les coups d'État étaient légitimes quand ils se faisaient dans le sens du progrès. Il pensa apparemment que la révolution du 2 décembre était faite dans le sens du progrès. Il était grand partisan de ce qu'on appelle aujourd'hui le socialisme d'État, et se souciait peu de la liberté. A son mariage, il avait signé sur le registre de la paroisse Brutus Bonaparte, association de noms qui se comprenait en ce temps-là. Toute cette vie est monotone et attristée. Il a eu ce malheur après sa mort, de n'être écouté et admiré que dans ses négations.

Je trouve encore d'autres écrivains français dans le livre de M. Louis Reybaud. C'est dans le chapitre des *humanitaires*. Les humanitaires n'ont jamais formé une école. M. Louis Reybaud rassemble sous ce titre quelques écrivains dont le plus célèbre est l'abbé de Saint-Pierre, et le plus moderne M. Pierre Leroux. Ne prenons pas au sérieux la fantaisie qu'a eue M. Louis Reybaud de citer à côté de ces deux noms le grand nom de Lamartine, pour quelques vers où le poète met l'humanité au-dessus de la patrie :

Nations, mot pompeux pour dire *barbarie!*
L'amour s'arrête-t-il où s'arrêtent vos pas?

> Déchirez ces drapeaux; une autre voix vous crie:
> L'égoïsme et la haine ont seuls une patrie;
> La fraternité n'en a pas!

L'abbé de Saint-Pierre ne supprime pas la patrie. Il ne veut supprimer que la guerre. A mon avis, M. Louis Reybaud le raille trop. Il oublie trop que le monde a changé de taille. Il ne faut plus qu'une semaine pour aller de Paris à New-York. Un Européen et un Américain se parlent à l'oreille. Puisque la confédération des États-Unis existe, on ne peut opposer au projet de confédération européenne que la dimension de l'Europe; et cette dimension est terriblement diminuée par la vapeur et les câbles sous-marins, depuis le temps de l'abbé de Saint-Pierre.

M. Pierre Leroux visait bien autre chose qu'une confédération: il ne se contentait pas de la paix; il voulait la solidarité universelle. Il posait le principe avec grand appareil; il manquait de netteté et de précision dans les applications. C'était un de ces hommes à qui Dieu a dit : « Tu ne te débrouilleras pas! »

et même la malédiction ne s'arrêtait pas là;
Dieu lui avait dit : « Tout ce que tu toucheras,
tu l'embrouilleras. » Il avait une grande ambition philosophique, de la curiosité, de la
subtilité, et beaucoup de connaissances
acquises. Son érudition n'était pas sûre; il
avait le défaut des orgueilleux : il ne faisait
jamais qu'effleurer, parce qu'il croyait toujours deviner. Il était le plus grand ennemi
de l'éclectisme, auquel il porta de rudes
coups, sans s'apercevoir qu'il était plus éclectique que M. Cousin; son système était fait
de pièces et de morceaux rassemblés de
toutes parts sans suite ni cohésion. Cousin
était compliqué et clairvoyant; Pierre Leroux, compliqué et embrouillé. Il ne cessait
d'argumenter contre la psychologie de Cousin, bien plus complète et plus pénétrante
que la sienne. Il lui reprochait de donner
une action séparée et une réalité distincte à
chacune des facultés de l'âme, et Cousin s'attachait au contraire à montrer que l'homme
est tout entier dans tous les moments et

dans tous les phénomènes de la vie. A la différence des autres réformateurs, Pierre Leroux admettait la famille, la patrie et la propriété. Il s'attachait même à montrer la nécessité de ces trois institutions, qui sont le stimulant et la récompense de l'activité; il en montrait aussi les inconvénients, qui se résument, disait-il, dans une tendance à supprimer l'ordre social par l'exaltation de l'égoïsme. Il faut les conserver et les corriger par l'expansion dont l'amour est le principe. Égoïsme, amour; absorption, expansion : telle est la loi du mouvement, le *circulus* dans le monde moral comme dans le monde physique.

A ce point de vue, Jésus-Christ a été réellement un sauveur, car il a rétabli le *circulus* en promulguant la loi de la charité. Mais la charité est incomplète, parce qu'elle crée le devoir sans créer le droit correspondant; par exemple, selon le christianisme, j'ai le devoir de donner, mais celui à qui je donne n'a le droit ni d'exiger, ni de délimiter, ou

de faire délimiter, le don que je lui fais.
Ainsi Jésus-Christ est le précurseur de
Pierre Leroux; le christianisme n'est qu'une
aurore; c'est une première et glorieuse
étape pour conduire le monde à la religion
humanitaire, qui remplace l'aumône par le
droit au travail, la charité par la solidarité.

Le christianisme donne pour sanction à la
morale la vie future au delà de la terre dans
un lieu de délices ou dans un lieu de supplices. Pierre Leroux n'admet ni ciel ni enfer.
Il n'admet pas l'enfer, dont l'hypothèse est
contraire au dogme du progrès indéfini, et il
n'admet pas le ciel, parce que la perfection
réside dans le tout, et ne peut être une entité
isolée en dehors du monde. Qu'est-ce donc
que la vie future? Une transformation de
l'individu dans la perpétuité de la race; elle
se produit sous la forme d'incarnations successives. Un individu meurt, un autre naît :
l'espèce subsiste; voilà l'immortalité de
l'âme. Si on lui objecte que cette perpétuité
est purement métaphysique et ne peut cons-

tituer une sanction morale, puisque l'âme
ne se souvient plus de ses états antérieurs, il
répond par la réminiscence de Platon et la
doctrine des idées innées. La solidarité
comme règle morale est appuyée sur la solidarité comme loi génésiaque et principe
métaphysique. M. Louis Reybaud le prend
de très haut avec Pierre Leroux, et l'accuse
de ne différer qu'en apparence du système
qu'il combat, et d'aboutir tout simplement à
remplacer un mot par un autre. Il n'y a rien
de nouveau dans le système de Pierre Leroux, pas même les mots dont il se sert.
C'est le panthéisme sous sa forme la plus
explicite. L'auteur était un homme embrouillé, par la loi de sa nature: et le système est nécessairement embrouillé, puisqu'il repose sur la confusion de deux idées
contradictoires. Pierre Leroux était désor-
donné dans sa conversation comme il l'était
dans sa vie, malgré un travail opiniâtre;
même défaut dans sa production courante;
mais il ouvrait des points de vue, il abondait

en idées, en rapprochements inattendus, en saillies, il était armé pour le combat, il avait les aspirations et la langue d'un prophète. Il ne laisse pas après lui de livre ni d'école ; mais il laisse le souvenir d'un homme qui a beaucoup agi sur ses contemporains, qui les a souvent ou effrayés ou amusés, sans le savoir et sans le vouloir, et qui était un esprit éclairé et ouvert, quoique confus.

M. Louis Reybaud étudie, dans d'autres chapitres, des réformateurs étrangers à notre pays : Owen, le doux père d'une famille inquiétante, un homme bienveillant et généreux, qui a fondé la secte des communistes ; Bentham, le plus puissant théoricien de la morale utilitaire ; les Mormons, dont la théorie est absurde et la pratique habile, et qui ont fait vivre un État par la négation de tous les principes sans lesquels aucun État ne saurait être viable. Il est à remarquer que, de toutes ces utopies, ce sont les deux plus extravagantes qui ont eu un commencement d'exécution, celle d'Owen et celle de Joseph

Smith (les Mormons). On ne peut regarder la famille de Ménilmontant comme un essai sérieux du saint-simonisme; M. Victor Considérant, le disciple de Fourier et le propagateur zélé du système sociétaire, a vainement sollicité de la République de 1848 les moyens de fonder un petit phalanstère aux environs de Saint-Germain, pour donner aux Parisiens la douceur de voir de leurs yeux et pour ainsi dire à proximité de leurs mains, la terre promise. Au contraire, Owen put croire un moment qu'il avait créé une colonie de communistes à New-Harmony en Amérique et à Orbiston en Angleterre.

Joseph Smith et son successeur Brigham Young fondèrent deux villes florissantes. Le Congrès fit marcher une armée contre eux. Ils se soumirent; mais Brigham Young, resté maître des élections après sa défaite, imposait sa volonté au gouverneur du nouveau territoire. La lutte des Mormons contre la puissante république et contre le sens commun dure depuis un demi-siècle.

M. Louis Reybaud a écrit son livre en 1840, lorsque la réputation de Proudhon n'était pas encore faite; mais il a publié la septième édition en 1864. Il est singulier qu'il n'ait pas ressenti le besoin de rendre sa revue plus complète, en y introduisant un des plus audacieux et des plus redoutables ennemis de la société. Proudhon avait une autre action et une autre force intrinsèque que Pierre Leroux. C'est un dialecticien et un pamphlétaire d'ordre supérieur. Il connaît plus à fond les questions d'affaires, et possède, en théologie, une instruction plus sûre. Ses livres méritent d'être réfutés, parce qu'ils méritent d'être étudiés. Il excellait surtout à trouver ces formules courtes et saisissantes, qui restent à jamais dans le souvenir, et qui renferment toute une philosophie en quelques mots. En voici deux que connaissent ceux-là mêmes qui ne liront jamais une page de lui. Ils ne comprendraient pas la page, mais ils comprennent à merveille la formule. Quand on supprimerait tous les livres de Proudhon, il resterait de lui ces deux phrases; l'une qui résume la haine de Dieu : « Dieu, retire-toi! » l'autre qui résume la haine du capital : « La propriété, c'est le vol. » C'est tout Proudhon. A ceux qui lui imputaient l'athéisme et le communisme sur la foi de ces deux formules, il répondait : « Qu'en savez-vous? » Vaine protestation, qui ne change rien à la doctrine, et nous éclaire seulement sur le caractère et les procédés de l'écrivain. Cet homme, le plus affirmatif des hommes, était un sceptique. Il ne croyait à rien de ce qu'il voyait, et n'était pas sûr de croire à ce qu'il pensait. C'est un de ces hommes dont on dit en le lisant : « C'est la logique et la clarté même; » et dont on dit, quand on a fermé le livre : « Que veut-il dire? »

M. Louis Reybaud rassemble en finissant tous les réformateurs devant lui, et laissant de côté leurs différences, il leur montre que tous leurs systèmes reposent sur l'hypothèse suivante : « L'homme consentira à abdiquer sa liberté en toutes choses, même dans le choix et la pratique d'un état, et il se trouvera heureux dans cette dépendance absolue, pourvu que le pouvoir auquel il se soumet ne se trompe jamais dans la répartition des fonctions ni dans celle des bénéfices. » Ils ne se demandent ni les uns ni les autres comment on obtiendra cette abdication; ni si elle est possible, ni si elle a quelques chances d'être durable; ni si l'homme comblé de tous les biens, mais privé de toute liberté, peut être appelé heureux. Ils ne s'occupent pas non plus de la désignation du chef de la société. L'apôtre dit comme Louis XIV : « L'État, c'est moi. » Pourquoi vous? Et après vous, qui sera-ce? Un dictateur désigné par son prédécesseur? Ou un dictateur élu? Ou un dictateur héréditaire? Sera-ce un homme, ou un collège? Un collège, ou une caste? D'où viendra à cet homme, ou à ce collège, ou à cette caste, l'autorité? De l'institution divine? de la tradition? de la force? Menues questions qui ne méritent pas d'être traitées. On établit

en forme d'axiomes qu'il n'y a pas d'association sans maître, ni de maître sans toute-
puissance et sans omniscience. Augustin
Thierry, qui suivit quelque temps les idées
de Saint-Simon, se plaignit à lui de recevoir
des doctrines toutes faites et des ordres
absolus. « Je ne comprends pas d'association
sans un maître, lui dit Saint-Simon d'un air
rogue. — Et moi, répondit Augustin Thierry,
je veux être un homme. » Il le quitta. La
société fait comme lui. Elle quitte les socialistes, qui ôtent à l'humanité les sources de
la vie.

Nous voulons être des hommes. La condition de l'homme est d'avoir une famille, unie
par les liens étroits du devoir et de l'amour,
où il est tour à tour protégé et protecteur,
qui lui donne le bonheur et le reçoit de lui,
pour laquelle il veut travailler et souffrir, qui
lui rend le travail aimable et lui adoucit, lui
ennoblit le sacrifice; de choisir selon ses
goûts et ses aptitudes sa tâche dans l'atelier
universel; de garder les fruits de son travail,

ou du travail et de l'épargne de ses pères, de puiser, dans cette possession, pour lui et pour les siens, la sécurité d'abord, et l'indépendance aussi chère que la sécurité ; d'obéir seulement à la loi qu'il a faite ou consentie, et aux magistrats qu'il a institués pour interpréter cette loi et la faire exécuter ; de disposer librement de sa pensée ; de manifester hautement sa foi devant Dieu et devant les hommes, à la seule condition de respecter les droits et la liberté d'autrui. Comme il faut des aliments à nos corps, il faut à nos âmes la famille, la propriété, la liberté, la foi. Le vrai progrès est de rendre la famille plus sainte et plus chère, la propriété plus solide et mieux répartie, la liberté mieux comprise et plus complète, la foi plus ferme et plus éclairée. Vous parlez de progrès, et comme si vous vous étiez égarés dans la nuit profonde, chaque pas que vous faites dans vos voies diverses vous ramène à la barbarie. Vous êtes des démolisseurs à faire trembler, et des réformateurs pour rire.

Le temps a marché depuis Louis Reybaud. Ses réformateurs s'appelaient Saint-Simon, Fourier, Bentham, Pierre Leroux. Les nôtres s'appellent... Mais nous ne nommons ici que les morts, et, parmi les vivants, ceux qui méritent des prix de vertu. Il faudrait un nouveau Louis Reybaud pour faire connaître cette nouvelle génération de réformateurs. J'ose dire qu'elle est inférieure par le talent, et très supérieure par les qualités d'action. Il y a moins d'écrivains et de philosophes, mais il y a des conspirateurs en quantité. Les gens de M. Reybaud, si on en excepte Auguste Comte, faisaient tous de la métaphysique, et encore il n'est pas certain que Comte n'en ait pas fait dans son dernier livre; ils avaient des accès de lyrisme; quelques-uns, tels que Charles Fourier, étaient à l'occasion de vrais poètes. Ils se livraient à des digressions dans leurs écrits; Fourier aurait dit qu'ils se laissaient mener par la papillonne. Pierre Leroux est l'homme des digressions. Dans son livre, dans ses discours, dans ses articles, dans sa vie, le principal disparaît toujours, au profit des digressions, qui sont parfois charmantes. Ils souffraient réellement des souffrances subies à côté d'eux, ils voulaient y porter remède.

Nous avons affaire à présent à des algébristes qui ne savent ce que c'est que pitié et sympathie. Pour eux, tout ce qui est sentiment est faiblesse. La réforme sociale est un problème à résoudre, une bataille à gagner. Quelques-uns des chefs de parti ont fait des livres : leurs adhérents ne s'en préoccupent guère. Ils ne songent qu'au programme et au plan. Il faudrait peut-être dire *au graphique*. Le parti ouvrier, qui est le collectivisme allemand, compte surtout sur un coup de main, et le parti possibiliste qui est, je crois, une de nos gloires nationales, veut voir avant tout ce que le scrutin pourra lui donner. Je passe sur les blanquistes et les anarchistes. En un mot, nous n'avons plus devant nous des maîtres et des disciples, mais des meneurs et des bataillons. Ils ont à la bouche le mot de Proudhon : « Ceci tuera cela ; » et diffèrent surtout sur la façon de s'y prendre.

Je ne puis quitter ce livre de Louis Reybaud sans répéter qu'il atteste, outre le talent, une grande décision d'esprit, et un grand courage moral, deux qualités bien nécessaires à un historien. Il fit de l'auteur, en 1850, un membre de notre Académie, et je pense qu'il contribua à le faire député de Marseille en 1846. Il appartint à l'opposition constitutionnelle dans la Chambre des députés, et ensuite, comme représentant du peuple, au parti libéral. Il fut membre et rapporteur de la grande commission chargée par l'Assemblée législative d'étudier l'état politique et économique de l'Algérie. Son rapport est, comme on devait s'y attendre, une œuvre très considérable, que les historiens futurs de notre colonie mettront au rang des documents les plus importants. Son rôle dans notre Académie fut très laborieux. Il prenait peu de part à nos discussions ; il n'a jamais parlé à la tribune de la Chambre ; sa modestie et une certaine timidité le retenaient. Mais ayant été chargé par l'Académie d'étudier la situation morale et matérielle des ouvriers de la grande industrie en France, il visita successivement tous nos centres manufacturiers, et publia sur les industries de la laine, du coton et du fer des rapports d'une grande exactitude matérielle, et où l'on retrouve, à chaque page, les traces de son talent d'observation et de son excellent jugement. On y trouve aussi les grandes qualités de son style : une composition régulière, une exposition lucide, une clarté parfaite, et tout juste autant d'humeur qu'il en faut pour donner de l'agrément à la narration sans lui rien faire perdre de sa gravité. Après lui, l'Académie a confié à un autre de ses membres la tâche de faire une semblable enquête sur les ouvriers de l'agriculture. J'ose dire que cette double série de rapports est un service important rendu à l'économie politique et à la morale. Les deux auteurs, M. Louis Reybaud, M. Baudrillart ne se sont pas bornés à décrire. Ils sont des maîtres l'un et l'autre ; ils savent, comme des maîtres, décrire, juger et conseiller.

J'aurai fini l'histoire de M. Louis Reybaud, quand j'aurai dit que nous l'avons perdu en 1879. Mais vous vous demandez sans doute pourquoi je n'ai pas parlé du plus retentissant de ses succès, du célèbre, du mémorable, de l'illustre *Jérôme Paturot*. Il y a, dans le bagage de quelques écrivains, une œuvre qui efface toutes les autres, et ce n'est pas toujours par la supériorité du mérite. On dit : l'auteur de *Manon Lescaut ;* l'auteur de *Paul et Virginie*. Il y a bien autre chose à admirer, que *Paul et Virginie*, dans les œuvres de Bernardin de Saint-Pierre. Plus d'un auteur s'est désigné lui-même pendant quelque temps par le nom de son œuvre de prédilection ; par exemple, Walter Scott. D'autres ont subi cette désignation de mauvaise grâce, soit par modestie pour cette œuvre, soit par orgueil pour une autre. L'auteur des études sur les socialistes modernes a été, pour le public, pendant bien des années, l'*auteur de Jérôme Paturot*. Le livre se vendait sous toutes les formes, en belles éditions de bibliothèque, en éditions populaires ; on le reproduisait en feuilletons dans les journaux, on le publiait par livraisons illustrées ; et ce qui est la consécration suprême du succès, le nom de Jérôme Paturot était entré dans la langue courante pour désigner un caractère. On était un Jérôme Paturot comme on est un père Grandet. Louis Reybaud, à ce point de vue, a été une des plus grandes victimes de la révolution de Février. Quand la société dont Jérôme Paturot était la satire s'est effondrée, Jérôme Paturot a perdu une partie de ses grâces.

Il n'était pas de la force de Don Quichotte, qui est éternel, ni de celle de Gil Blas. Les folies romantiques de 1830, qui sont tout autre chose que le romantisme, sont bien loin de nous. Nous ne rions plus des bonnetiers, et quand ils deviennent députés, nous n'en éprouvons pas le plus léger étonnement. Ceux mêmes d'entre nous qui ont de glorieux états de service dans la garde nationale, ne se rappellent plus très exactement ce qu'était cette milice au temps du roi Louis-Philippe. Le roi lui-même, à la distance où nous le voyons dans l'histoire, ne nous semble plus matière à plaisanterie. On peut dire de lui que nous le découvrons de jour en jour, à mesure que les événements se développent. On riait beaucoup de sa cour, il y a quarante ans. Ce qu'il y avait de plus plaisant dans l'affaire, c'étaient les railleries des républicains, qui lui reprochaient, étant le roi de la bourgeoisie, de vivre un peu comme un bourgeois. Il n'en était pas moins roi, et même prince, pour ceux qui savent regarder. Le rideau est tombé depuis longtemps sur ces grandes scènes dont le secret n'est pas encore dit, et ceux qui n'ont vécu que sous Napoléon III ou sous la troisième république, ne peuvent plus s'intéresser aux tribulations de Jérôme Paturot, comme moi, par exemple, dont il a été le capitaine.

Et cependant, si la garde-robe est fripée, le personnage est bien vivant. Au lieu de prendre l'habit à Ménilmontant et d'y prononcer ses vœux pour cirer ensuite les bottes de la communauté, je suppose qu'il s'enrôle dans les bataillons de la Commune. Il échappera au conseil de guerre, et deviendra fanatique de M. Thiers après le 24 mai. Il sera ensuite radical, sans changer d'opinion, tout simplement en suivant la foule et en regardant où il met le pied. Nous le verrons à la cour; il y a moins de broderies qu'à la cour de Louis-Philippe, mais plus de courtisans, et de plus plats. Une fois là, il se sentira plein de pitié pour ceux qui ne comprennent pas le génie de son patron, et qui n'adhèrent pas à la seule politique dont on puisse attendre le salut de la France. Je ne doute pas qu'il ne soit ministre, parce que les Paturot ont eu de l'avancement depuis un quart de siècle, et Malvina ne se contenterait pas de parader comme invitée dans un salon ministériel, il faut qu'elle en soit la maîtresse. *Exitus ergo quis est?* Le Paturot de 1840 était mis en liquidation; celui-ci sera entraîné dans un krach. Vous le voyez, je n'ai rien changé. C'est toujours le pantin de M. Louis Reybaud, avec des ficelles neuves.

Jérôme Paturot n'est pas une bluette d'opposition; c'est un livre. M. Louis Reybaud, qui avait la production facile, donna plus tard, avec autant de talent et moins de succès, *Jérôme Paturot à la recherche de la meilleure des Républiques*. C'était, au fond, une nouvelle édition revue, corrigée, un peu affaiblie, de la première satire. Ceux qui liront ses romans s'apercevront aisément qu'il a fait cette satire-là toute sa vie. Elle est dans le *Dernier Commis voyageur,* dans le *Coq du clocher,* dans les *Splendeurs de Narcisse Mistigris.* Toutes les qualités de ces livres agréables sont réunies dans *Jérôme Paturot,* qui peint tous les ridicules d'une époque, et toutes les misères de l'ambition de bas étage, sans avoir l'air d'y toucher. C'est un livre de bonne grâce et de bonne humeur, qui a l'heureuse et singulière fortune de n'éparguer et de ne blesser personne.

C'est mon cher et excellent ami M. Vacherot, qui, comme président de l'Académie, prononça les dernières paroles sur la tombe de notre confrère. Il dit avec raison qu'il était parmi nous un des plus aimables et des plus aimés. Il avait autant de vivacité, de bon sens, de finesse dans l'esprit que de douceur et d'aménité dans le caractère. Ce qui nous l'a rendu si cher, c'est sa bonté. La bonté était comme le fonds de sa nature; elle se montrait partout, jusque dans l'ironie qui était un des agréments de son talent, et dont personne ne s'est jamais senti blessé.

NOTICE HISTORIQUE

SUR LA VIE ET LES TRAVAUX

DE

MICHEL CHEVALIER

Lue dans la séance publique annuelle de l'Académie des sciences morales
et politiques du 7 décembre 1889.

MESSIEURS,

M. Michel Chevalier a un rôle important dans l'histoire de l'école saint-simonienne, et dans l'histoire des traités de commerce de 1860. N'y eût-il que ces deux raisons, on pourrait dire que sa vie et ses travaux font partie de l'histoire générale du siècle. Des deux écoles auxquelles il a successivement appartenu, l'une, l'école philosophique, est bien oubliée, l'autre, l'école économique est aujourd'hui bien discutée. Je ne puis essayer, dans cette courte notice, de porter ni sur l'une ni sur l'autre, un jugement définitif; mon but est de faire revivre la figure d'un confrère et d'un ancien ami, qui fut le plus brillant auxiliaire d'Enfantin et le puissant collaborateur de Richard Cobden. Il commence comme un rêveur, et finit comme un homme d'affaires. Il ne faut pas s'en étonner. Il y a dans tout saint-simonien un poète très chimérique, et un homme d'affaires très avisé.

Notre époque est très féconde en découvertes scientifiques et en hardiesses socialistes et économiques. Dans l'ordre philosophique, elle est plutôt érudite que productive. Nous pensons surtout à juger; au commencement du siècle, on pensait surtout à créer. Nous faisons encore, mais rarement, des systèmes sur la morale; nous en faisons très peu sur l'ensemble de la philosophie, et ceux que nous faisons ne sont discutés que dans les écoles. Au sortir de la Révolution, tous les esprits avaient besoin d'une synthèse. La grande majorité retournait au christianisme. Ceux qui voulaient demeurer philosophes, ne trouvaient chez les encyclopédistes et les idéologues que des négations. On a dit de l'Empire qu'il défendait de penser. C'est vrai. Ce qui est plus vrai encore, c'est qu'il empêchait de penser par la terrible occupation qu'il donnait aux esprits. Sous la Restauration, il fut possible de remuer des idées. Comme on était ignorant, on inventa beaucoup d'idées, qui avaient déjà été inventées et abandonnées. Les jeunes libéraux couraient de tous côtés à la recherche d'un enseignement doctrinal. Ils fréquentaient assidûment la Sorbonne. M. Royer-Collard, qui était un maître par la gravité du talent et l'austérité de son caractère, n'avait ni invention ni érudition. M. Cousin avait l'invention ; il acquit à la longue l'érudition ; il dut son influence sur la jeunesse à son éloquence plus qu'à sa doctrine, et à la partie de sa doctrine la moins solidement fondée et construite. On écouta avidement ses théories sur le fini, l'infini et leur rapport ; quand il s'attacha à l'origine des idées, l'admiration continua, la passion se refroidit. La psychologie intéressait les sages ; mais ce qu'on cherchait surtout, c'était Dieu, la création, l'avenir de l'âme humaine, les fondements de l'ordre social ; en un mot, toutes les questions philosophiques qui sont communes à la philosophie et à la religion. Ceux qui abandonnaient le christianisme comprenaient le besoin de le remplacer.

En dehors de l'enseignement officiel, il se formait de tous côtés des associations d'étude. Tantôt, c'étaient seulement les jeunes gens entre eux ; tantôt, c'était un professeur exilé de sa chaire qui continuait ses leçons dans l'intimité. Bazard ouvrit, rue Taranne, des conférences où il développait les idées saint-simoniennes. C'est là que Michel Chevalier le connut. Jouffroy fit un cours dans sa chambre, plus attachant que ses cours de Sorbonne. Il avait toutes les qualités d'un maître ; il lui manquait l'esprit d'aventure qui fait les apôtres. Cousin aurait été un apôtre, sans un fonds de sagesse qui le retenait, et qui finit par le dominer. Le bon, l'excellent Damiron, que tout le monde aimait à juste titre, n'était que l'explorateur très patient, très intelligent, et très impuissant de tous ces centres qui attiraient les esprits sans les retenir. On se dédaignait beaucoup d'une école à l'autre. Les idéologues se prétendaient seuls en possession de la science, tandis que Cousin, par sa démolition puissante et systématique de Locke, croyait les avoir anéantis. Pierre Leroux et Jouffroy étaient l'un et l'autre le contraire de ce qu'ils croyaient et voulaient être. Pierre Leroux, qui prit pour rôle d'attaquer les éclectiques, et même de les injurier, était éclectique sans s'en douter, et peut-être le seul éclectique de son temps. Jouffroy, le plus dogmatisant des hommes, était en réalité un sceptique, créé et mis au monde pour être crédule, aspirant à croire, trouvant l'objection avec une facilité qui le désespérait, et sous ses apparences de sérénité, en lutte constante contre lui-même. Les socialistes, qui devaient bientôt passionner le monde, n'arrivaient encore qu'à l'étonner. Charles Fourier rebutait par ses formules arides; il lui aurait fallu le style de Bernardin de Saint-Pierre pour populariser ce qui, dans ses rêveries, répondait aux besoins religieux de ses contemporains. Car c'était un besoin religieux, plus encore qu'un besoin philosophique, qui agitait toutes ces âmes. Chose douloureuse, de vivre dans une époque critique, et d'aspirer à fonder une religion. Le romantisme, qui fut une longue tempête, ne détournait pas les esprits de la préoccupation du surnaturel; au contraire. Il s'y livrait à sa manière, avec des élans poétiques et beaucoup de comédie. Un jeune poète, rencontrant Sainte-Beuve dans un bal, l'abordait avec solennité, et disait, en lui serrant la main à le faire crier : « Croyez-vous à la divinité de Jésus-Christ? » La divinité de Jésus-Christ était dans ce temps-là une grosse affaire pour les incrédules. Ils discutaient sur le péché et la rédemption. Ils avaient admiré le *Génie du Christianisme* et l'*Indifférence en matière de religion*. Ils étudiaient les philosophes catholiques, de Maistre, de Bonald et Ballanche : l'inquisiteur, le théologien et le poète. Ils allaient entendre Lacordaire. Était-ce la résurrection du passé, ou l'aurore d'un jour nouveau? Entre autres associations qu'ils avaient formées était la Société de la morale chrétienne, dans laquelle il y avait de tout, et même des chrétiens. De temps en temps s'élevait un prophète dont on riait, et qui, malgré le ridicule, et quelquefois en dépit de sa folie, trouvait des adeptes. Des élèves de l'École polytechnique se contraignaient à lire le *Philosophe inconnu ;* pas ridicule celui-là, mais en revanche, inintelligible. Si on leur avait donné Swedenborg en français, ils auraient essayé d'y mordre.

La franc-maçonnerie, qui avait une liturgie et pas de doctrine, et le carbonarisme, qui n'était qu'une conspiration politique permanente, ne satisfaisaient pas le besoin religieux. On peut même dire, d'une façon générale, que le carbonarisme lui était hostile. Pour relever, en dehors des églises établies, la pratique d'un culte, on avait tenté de faire renaître le mystérieux ordre du Temple. Il avait des commanderies en France, en Angleterre et dans les Pays-Bas. Hippolyte Carnot, qui frappait à toutes les portes, avait aussi frappé à celle-là ; mais il ne put vivre avec ses nouveaux confrères, parce qu'il disait déjà, comme les saint-simoniens qu'il ne connut qu'un peu plus tard : l'âge d'or est devant nous ; tandis que les Templiers ne regardaient que le passé, et se croyaient au lendemain de la mort de Jacques Molay. Carnot lui-même nous a conservé un manifeste, d'autant plus intéressant qu'il est signé de plusieurs noms devenus célèbres à différents titres. Il est daté du 12 juillet 1827. Les signataires y prennent encore le titre de Templiers ; ils s'appellent « les Templiers du XIXᵉ siècle, les vrais Templiers ». — « Nous ne pouvons, disent-ils, rester affiliés à ces hommes égarés qui tirent en arrière. Ils s'en tiennent à la lettre des statuts de l'ordre, et nous en voulons suivre l'esprit. Ils acceptent le pontificat infaillible et l'obéissance passive. Nous en appelons à la vraie doctrine du Temple, telle qu'elle est expliquée dans le décret magistral interprétatif du 3 Tischry[1] 700. » Ce curieux manifeste est signé, entre autres, de Carnot, Laurent, avocat (Laurent de l'Ardèche), Isambert, Chevalier, Chatelain, du *Courrier français*, Montalivet. Plusieurs de ces jeunes aventuriers de pensée se trouvèrent quelques mois après sur la liste des saint-simoniens.

La plupart des saint-simoniens, quoique préoccupés par-dessus tout des intérêts matériels et de l'organisation du travail, avaient eu des aspirations vers le mysticisme. En dépit de certaines pages écrites par obéissance, je ne crois pas que Michel Chevalier ait jamais été de ceux-là. Il croyait à la nécessité d'une religion ; il ne se chargeait pas personnellement de la faire. Il y avait un Père,

1. Tischri ou Tischry, premier mois de l'année civile des Juifs vers l'équinoxe d'automne.

dans la maison, chargé de cette besogne. Celle de Michel Chevalier était plutôt d'organiser la vie actuelle, que de dogmatiser sur la vie future. Cela ne l'empêchait pas de croire qu'Enfantin avait des visions dans le monde surnaturel, et d'assister à ses prédications avec une ferveur dévote.

Tous les saint-simoniens n'adhérèrent pas de la même façon à la doctrine. Il y eut des passants et des persévérants. Les passants étaient entrés là par curiosité ; ils en sortirent quand l'école fut dispersée, sans emporter autre chose que le souvenir d'une expédition lestement menée. Les persévérants et les convaincus restèrent attachés à l'école, même quand elle n'eut plus de centre. Ils ne portaient plus l'habit et ne reconnaissaient plus l'autorité du pontife ; mais par leurs aspirations, par la direction de leurs études et la tournure de leur esprit, ils étaient toujours saint-simoniens. Si l'on avait parlé au sénateur Michel Chevalier du *Livre nouveau*, je crois bien qu'il aurait rougi ou souri ; mais il ne retirait rien du *Système méditerranéen*, écrit à vingt-quatre ans, dans toute la ferveur de son jeune enthousiasme. L'histoire de l'école saint-simonienne fait partie de son histoire.

Au moment du procès de Saint-Simon[1], le général Carnot, alors en exil à Magdebourg, avait dit à son fils, celui qui est devenu depuis notre confrère : « Je l'ai connu, c'est un singulier homme. Il a tort de se croire un savant, mais personne n'a des idées aussi neuves et aussi hardies. » Le grand exilé ne se doutait guère qu'il parlait à un futur saint-simonien. Notre confrère nous a lui-même raconté, dans une communication que vous n'avez pas oubliée, comment se fit cette initiation. « Ses élèves, dit-il, se réunissaient chez l'un d'entre eux nommé Enfantin. Laurent (de l'Ardèche) m'y conduisit, etc. » Ce titre d'élèves de Saint-Simon, qu'il leur

1. Henri de Saint-Simon est mort le 19 mai 1825. Il avait été poursuivi en 1819 pour un article de l'*Organisateur*, intitulé *Parabole*. Pendant le procès, il publia sa justification en brochure, sous le titre de *Lettre aux jurés*. Cette brochure fut elle-même poursuivie.

donne, qu'ils prenaient, et que la postérité leur a conservé, n'était pas juste dans la stricte acception du mot. Augustin Thierry et Auguste Comte avaient été les disciples de Saint-Simon, qu'ils ont ensuite quitté ; mais c'est à peine si les autres l'avaient connu. Enfantin ne l'avait rencontré qu'une seule fois ; Bazard ne l'a jamais vu. Ils l'avaient étudié dans ses livres, dont ils acceptaient la direction générale, en gardant pour les détails une grande indépendance. Carnot trouva chez Enfantin M. Talabot, M. Duhamel, depuis notre confrère à l'Académie des sciences, oncle, si je ne me trompe, de notre illustre confrère M. Bertrand, les deux Flachat, les Péreire. Michel Chevalier n'était pas un membre assidu de cette petite coterie, parce qu'il était retenu à Lille par ses fonctions d'ingénieur des mines, mais quoique absent, il adhérait. Il y avait de simples curieux comme Dubois et Henri Martin. Auguste Comte, déjà dissident, mais n'ayant pas officiellement déclaré sa séparation, faisait chez lui un cours auquel on se rendait, à l'instigation d'Enfantin lui-même. Là, l'auditoire était fort restreint, parce qu'il fallait pour suivre les leçons, avoir des connaissances assez avancées en mathématiques.

J'ai connu personnellement toutes les personnes que je viens de nommer, y compris M. Enfantin, et quelques-unes dans l'intimité. M. Bazard est le seul saint-simonien de marque que je n'aie jamais vu. Il me semble, malgré cela, que je parle d'un autre âge, tant cette histoire est loin de nous. Plus loin de nous par les mœurs que par les idées. L'école était dissoute depuis quelques années, à l'époque où je les ai connus. On retrouvait, au fond, le saint-simonien dans leur conversation. Mais la plupart s'étaient débarrassés des idées les plus chimériques. Ils s'étaient rendus *assimilables*, ce qui leur avait permis de faire un chemin passable au milieu de nous autres profanes.

L'école ne fut constituée hiérarchiquement qu'à la fin de 1829. Jusque-là, on en était

encore à la préparation [1]. Ordinairement, le
chef d'une école philosophique apporte une
doctrine toute faite ; quand ses disciples ne
l'acceptent pas tout entière, il est bien rare

1. Saint-Simon avait eu d'abord pour journal l'*Organisateur*, fondé en 1819. Il n'en publia que deux livraisons.
Cet échec est suffisamment expliqué par la circulaire
suivante : « Je vous demande votre appui pour l'*Organisateur*. Vous pouvez le lui accorder d'une des trois
manières suivantes : en souscrivant comme fondateur,
ou comme simple abonné, ou *en m'autorisant à vous
envoyer gratuitement des livraisons que je publierai*. »
Il s'occupait de fonder le *Producteur*, quand il mourut,
le 19 mai 1825. Le premier numéro, publié par ses
disciples, parut le 1er octobre de la même année. Il ne
dura que jusqu'au 12 décembre 1826. De 1826 à 1829, il
y a une lacune dans la publicité. A cette date, l'école
déjà constituée reprend la publicité de l'*Organisateur*.
L'*Organisateur*, *journal des progrès de la Science générale, avec un Appendice sur les méthodes et les découvertes relatives à l'enseignement* (19 août 1829 — 13 août
1831). Auguste Comte dit que ce journal est de lui ;
Henri Fournel assure qu'il fut fondé par Laurent de
l'Ardèche. Ils peuvent avoir raison tous les deux.
Auguste Comte dédaignait tout ce qui n'était pas de sa
main. Laurent de l'Ardèche fonda le journal, dont
Auguste Comte fut le principal collaborateur. Le *Globe*
ne fut cédé par Pierre Leroux aux saint-simoniens que
le 18 janvier 1831. Michel Chevalier avait été l'un des
collaborateurs de l'*Organisateur* de 1829, et il fut le
rédacteur en chef du *Globe* de 1831.

que les modifications qu'ils lui font subir soient heureuses. Ce sont des esprits de second ordre, ballottés entre le péril de l'exagération et celui de la timidité. Mais ici l'école n'est pas contemporaine du maître. Elle est venue après lui. Il l'a inspirée; il ne l'a pas formée. Bazard et Enfantin, qui ont pris le titre d'élèves de Saint-Simon, et qui ont été les vrais fondateurs de son école, ne connaissaient de lui que ses livres. Dans ces livres, mêlés de découvertes et de chimères, il y avait surtout des aspirations. Il restait à les coordonner en un corps de doctrine, ce qui fut fait avec une telle indépendance que le saint-simonisme de Saint-Simon et celui de Bazard et Enfantin forment plutôt deux doctrines animées du même esprit qu'une doctrine unique. Plus tard, quand les deux apôtres, étroitement unis au début, se séparèrent, Enfantin modifia de nouveau la doctrine. Il y a donc trois phases du saint-simonisme. Saint-Simon écrit un livre qui contient des germes féconds ; Bazard et Enfantin en font sortir un système, où beaucoup d'idées leur appartiennent, et avec ce système, ils créent une école ; puis Enfantin, modifiant une troisième fois la doctrine, et lui donnant un caractère mystique, transforme l'école en religion.

Saint-Simon, quoiqu'il ne soit pas le fondateur de l'école qui est sortie de ses idées, a tous les caractères d'un chef d'école, dont le premier est l'invention. Ce qu'on trouve surtout dans ses livres, c'est lui. Même lorsqu'il emprunte, il transforme. Bazard et Enfantin sont plutôt organisateurs qu'inventeurs. Ils appellent leurs disciples en consultation ; leur doctrine se forme peu à peu, chacun y apportant sa part. C'est un spectacle nouveau en philosophie. Comme ils se croient en toute bonne foi chargés de reconstituer le monde social dans toutes ses parties, ils appellent des collaborateurs à leur aide. Nous assistons à ce travail singulier, que les deux pontifes autoritaires terminent toujours par une décision, jamais par un vote. Le dogme saint-

simonien a ses transformations et son histoire, comme l'école. Au lieu d'un *Exposé de
la Doctrine*, il en faudrait trois. Celui que
nous avons, et qui est l'œuvre de Carnot,
revisée et ratifiée par Enfantin et Bazard,
représente l'école sous sa seconde forme.

Saint-Simon avait pris pour épigraphe d'un
de ses livres: « J'écris pour les industriels contre les nobles, c'est-à-dire pour les abeilles
contre les frelons. » Entendez-vous ce
langage? Il vous est bien connu. On vous le
répète tous les jours, accompagné de mena-
ces; et on le répète surtout « aux abeilles ».
Dans Saint-Simon, le vrai père du socialisme
moderne, il était nouveau. Non pas que la
revendication du grand nombre puisse être
nouvelle; elle existe depuis l'origine même
de la société, mais la société ne savait pas ou
ne voulait pas l'entendre. Platon l'entendait
et il disait aux philosophes: Prenez-y garde!
L'esclavage existait de son temps. Il l'admettait, le pauvre grand homme, et c'est par
ce seul côté qu'il est inférieur aux penseurs

venus deux mille ans après lui. Quand l'esclavage fut théoriquement aboli, mais en laissant subsister une profonde différence entre ceux qui possèdent paisiblement, et ceux qui travaillent fiévreusement, non pas même pour posséder, mais pour subsister, il était dans la nature des choses qu'on se dise, d'un côté, en tremblant: Nous sommes bien peu! et de l'autre, en frémissant de colère et d'impatience: Nous sommes le nombre et la force. Il y eut des explosions. La prise de la Bastille, qu'est-ce? Si ce n'était que la victoire d'un peuple sur une centaine de vétérans, la démolition d'une forteresse (il y en avait partout et jusque dans le moindre village), la délivrance de quelques prisonniers, la vengeance prise d'injustices séculaires, on n'y verrait qu'une émeute comme tant d'autres, un incident éphémère de l'éternelle histoire. Non pas! C'est la lumière faite sur la puissance du nombre. Voilà ce que la prise de la Bastille a de tragique. La Constituante avait déjà dit: le droit à la place du privilège! Il fallait armer le droit. Le peuple, en prenant la Bastille, offrit le nombre.

A partir de ce moment, il fallut se demander avec effroi si le nombre se disciplinerait sous la justice, ou si, aux privilèges des anciens gouvernants, qui étaient la minorité, il substituerait ceux de la majorité, en déguisant abusivement son œuvre sous le nom de partage égal. Babeuf, qui soutint ce sophisme le paya de sa tête. Saint-Simon put dire impunément: J'écris pour les abeilles contre les frelons. Qui sont les abeilles? Ceux qui travaillent. Qui sont les frelons? Ceux qui possèdent sans travailler. Voilà la guerre déclarée. Tout est sorti de là. C'est le cri de Platon, poussé il y a deux mille ans: S'ils se comptaient! Ils se comptent.

Comment arrivera-t-on à l'élimination de la propriété? Il ne faut pas, disent les impatients, y aller par des chemins détournés. Il suffit d'une petite loi établissant que toutes les propriétés et tous les capitaux sont dévolus à l'État. Halte-là! répondent les saints-simoniens. C'est une révolution, cela ; et nous ne sommes pas révolutionnaires. Nous sommes des esprits pratiques, des gens sages, amis de la fraternité et de la paix. Nous ne voulons contrister personne, pas même les propriétaires. Nous ne faisons que des lois d'amour et de concorde. Voici donc ce qu'ils proposent.

On procédera en trois fois. D'abord, on établira des droits énormes, équivalant presque à une prohibition, sur les successions collatérales ; ensuite, on abolira cet ordre de successions. C'est seulement après quelque temps de ce régime qu'ou abolira également l'héritage en ligne directe. La transition sera ménagée ; l'accoutumance sera prise. Personne ne souffrira. Et les saint-simoniens pourront écrire en tête de leur symbole : « Jésus a dit : plus d'esclavage ! Nous disons ; plus d'héritage ! L'évangile sera désormais une vérité [1]. »

1. Pendant les journées de Juillet, les saint-simoniens, résolus à ne pas se mêler de politique, se tinrent à l'écart. Ils placardèrent une affiche, au milieu des

Que fera-t-on de la richesse commune ?
La partager à chacun par portions égales,
sans permission d'accroître et d'échanger,
ce serait tomber dans une misère plus déplo-
rable que la propriété elle-même ; com-
mettre une injustice, à cause de l'inégalité
des besoins ; une injustice encore, à cause de
la diversité des aptitudes ; une autre, à cause
de l'égalité du salaire dans l'inégalité du travail ; et une injustice envers la communauté,
qui, ayant le droit d'être bien servie, exige
que chaque serviteur soit employé à la tâche
qu'il est capable de remplir. On établira donc
un pouvoir central, chargé de constituer des
associations, auxquelles on assignera une

affiches innombrables qui couvraient les murailles, mais
une affiche purement socialiste. L'attention n'allait pas
de ce côté-là. Le public ne la lut pas ou ne la comprit
pas. Deux députés, Dupin et Mauguin, qui l'avaient lue,
et y avaient découvert sans peine une attaque à la
famille et à la propriété, la déférèrent à la Chambre et
réclamèrent des poursuites. Bazard répondit par une
Lettre au Président de la Chambre des Députés, où il
revendique, avec beaucoup de clarté et de simplicité, la
communauté des femmes et des biens.

tâche, des capitaux, de la terre. Il formera les associations (savants, artistes, industriels) en consultant les aptitudes, et veillera à ce que, dans l'intérieur de chaque association, le travail soit rémunéré selon la capacité et selon la quantité fournie. A chacun suivant ses œuvres. Voilà, par cette organisation bien simple, la production augmentée, l'âge d'or fondé, le plus grand nombre réhabilité.

Moyen bien simple en effet. Trop simple. Qui sera le juge des fonctions et des parts? Le pontife. Quel pontife? Le plus capable. Qui le désignera? D'où lui viendra son autorité, et d'où viendra aux autres leur obéissance? Il faut qu'il soit infaillible dans les jugements qu'il porte sur la capacité, et impeccable dans ses répartitions. Chimères qu'il n'est pas besoin de réfuter. La réforme aboutit au plus effroyable despotisme, sinon à la plus effroyable anarchie, et à des inégalités dans la répartition auxquelles rien ne peut se comparer dans le régime de la propriété.

Ils étaient unanimes à penser qu'il fallait être une religion pour opérer la rénovation. Ils disaient que l'humanité passe sans cesse d'une époque de production à une époque de négation. A n'écouter que leur symbole, on était dans une époque de production ; à regarder le monde autour d'eux, tout était à la négation. Se transformer, en plein xix° siècle, de philosophie en religion, imposer la foi à des sceptiques, cela semblait une tâche deux fois impossible. Ils la tentèrent.

La première difficulté était de s'imposer une foi à eux-mêmes. Ils avaient débuté par des idées industrielles ; puis ils avaient conçu, sur cette base, une refonte sociale ; et enfin, s'apercevant que la société ne pouvait se passer de Dieu, ils entreprenaient de lui en donner un. On peut dire des saint-simoniens qu'ils ont été en industrie des penseurs originaux et féconds ; en socialisme, des utopistes ; en philosophie et en religion, des impuissants.

Je cherche le dogme et je ne trouve qu'une

philosophie vague et superficielle, des mots
plutôt que des idées ; des aspirations, pas de
doctrines. Dieu, c'est le grand tout ; j'en con-
clus que ce n'est rien [1]. Ce n'est pas le prin-

1. J'ai entre les mains une lettre de Jean Reynaud,
adressée de Grenoble, en 1825, à M. Valmore. Jean Reynaud était alors un des apôtres du saint-simonisme. Il
était par excellence le philosophe de la secte. Je repro-
duis les passages importants de cette lettre, qui donne
une idée exact de la philosophie des saints-simoniens,
tout en avertissant que Jean Reynaud n'avait alors que
dix-neuf ans, et qu'il eut le temps d'accroître ses connaissances et de mûrir ses idées avant de publier *Terre
et Ciel*.

« Le panthéisme de Spinoza concevait l'unité de subs-
tance (matière et pensée) plutôt que l'unité de volonté.
Quant à nous, notre *Dieu* est bien réellement l'être
vivant par excellence, celui qui dit : Je suis celui qui suis.
La vie chez *Lui* nous apparaît aussi patente que chez
les êtres que vous n'hésitez pas à déclarer vivants, lorsque vous les avez seulement considéré agir un instant.
L'univers matériel qui nous entoure nous montre la
forme et la force de son corps, les lois qui régissent tous
ses actes et tous ses mouvements nous montrent la
sagesse et l'intelligence de son esprit ; l'harmonie qui, à
travers le temps et l'espace, enchaîne la succession des
faits pour les coordonner à un même but (l'association
universelle des hommes en particulier) nous témoignent
sa volonté, son amour, sa vie.

»... Pour bien concevoir Dieu, imaginez-vous un
homme paré en beauté, en intelligence, en sympathie,

cipe du devoir, le consolateur de la souffrance, le réparateur de l'injustice. Entre l'athéisme et le panthéisme, il n'y a qu'une différence oratoire. Sur l'âme, la divergence entre saint-simoniens est complète. Ici, le matérialisme; plus souvent un spiritualisme mal défini. Plusieurs parlent d'immorta-

de ce que vous connaissez de plus parfait; puis imaginez-vous dans votre esprit que ces qualités viennent à croître indéfiniment : l'Être ainsi conçu va grandir, et lorsque dans sa triple manifestation (puissance, sagesse, amour), il aura atteint des dimensions infinies, vous aurez Dieu... Vous voyez que nous sommes anthropomorphistes, en donnant à ce mot une étendue plus générale que celle qu'on est accoutumé à lui attribuer.

» ... Je vous recommande comme sujet de méditation cette *trinité* qui a une valeur immense, et certes bien peu connue du clergé catholique.

» ... Chez nous, l'univers ne serait que néant si la volonté divine dont il est la manifestation venait à se reposer un instant. Les mouvements de l'Océan, les librations de la lune sont des manifestations de la volonté infinie aussi bien que les actions de l'homme, mais il y a cette immense différence entre l'homme et les autres parties de l'univers que, dans ses rapports avec l'être infini dont il est membre aussi bien que les astres et les animaux, il a conscience du *lui* et du *non-lui*, et est doué du privilège de *se perfectionner* et de *s'agrandir* par sa propre virtualité.

» DIEU EST UN ; TOUT EST EN LUI, TOUT EST PAR LUI. »

lité ; mais c'est l'immortalité au sein de Dieu. Dès qu'il y a absorption, il n'y a pas permanence. Prenez garde que l'immortalité sans la permanence de la personnalité n'est pas une idée de l'ordre moral ; c'est une idée métaphysique essentiellement nuageuse. Cette absorption, quand on la regarde de près, est une formule ambitieuse de l'anéantissement. Nous sommes donc en présence d'une école qui veut être une école philosophique, plus que cela, une religion, et qui n'a ni Dieu personnel, ni permanence de la personnalité humaine après la mort ; elle veut être une morale, et elle n'a pas même la notion du sacrifice ; une société, et elle supprime la propriété ; un État, et elle anéantit la liberté : liberté de l'atelier, liberté du foyer, tout disparaît. Ces hommes, — ces enfants, — ne sont que des fous. Leur folie est traversée par quelques éclairs de génie et anoblie par le courage.

Regardez-les : ils ont tous les caractères de l'apôtre. Ils ont la foi, l'énergie, le renoncement, ils ont la vertu de propagande. Ils cherchent avec ardeur la vérité ; ils bravent tout pour la répandre, même le ridicule. Après la révolution de 1830, à laquelle, en leur qualité de pacifiques, ils refusent de prendre part, ils lancent une adresse où il est question de réformes sociales, sans un seul mot de politique. Les adhérents leur viennent de tous les points de l'horizon. Il y a parmi eux, et dans les premiers rangs de leur hiérarchie, un cordonnier, un homme de peine, un nègre ; plusieurs sont des artistes, des musiciens, des médecins ; des ingénieurs surtout. Voici même un prêtre catholique romain, Abel Transon, qui rentrera un jour dans le giron de l'Église. Enfantin est élève de l'École polytechnique ; il a un bon emploi à la Caisse hypothécaire ; il est beau, il est éloquent, il est homme du monde. Bazard est un esprit sérieux, on dirait presque, si on l'osait en parlant d'un saint-simonien, un esprit positif. C'est lui qui retient l'école, et qui lui démontre la nécessité d'aller progressivement, de se contenir ; lui qui transforme le communisme rêvé par Enfantin, en collectivisme.

A un certain moment ils peuvent rêver le succès ; les recrues arrivent de toutes parts, les dons aussi ; leur maison de la rue de Monsigny (l'ancien hôtel de Gesvres) est assiégée par une foule d'amis et de curieux ; ils y vivent en famille ; ils prennent ce nom, qui leur est une heureuse trouvaille : la famille saint-simonienne. C'est une famille opulente, où la joie remplace la tristesse et l'austerité des monastères chrétiens. Au lieu de dire, comme les catholiques : mortifiez-vous ! ils disent : sanctifiez-vous par le travail et le plaisir. Ils donnent des fêtes très courues ; leurs missionnaires sont accueillis en province par des huées et par des ovations, double marque de la popularité. Leur journal *le Globe* est sérieusement discuté. Ils se croient tellement prédestinés au succès qu'ils dépensent, sans compter, leur capital. Ils ouvrent des ateliers où ils se flattent de réunir quatre mille ouvriers [1]. Ils en viennent à distribuer le *Globe* gratuitement, sans même demander, comme Saint-Simon en 1829 pour l'*Organisateur*, la permission du destinataire.

Trois causes contribuèrent à leur chute, qui fut rapide : le désaccord qui éclata, après deux ans de fraternité intime, entre Bazard et Enfantin ; le manque d'argent, la condamnation.

La propagande était très active au moment où la scission éclata entre les chefs. Ils avaient à Paris quatre chaires très suivies, dont la direction était confiée à Carnot et Dugied, à Carnot surtout. Pierre Leroux leur avait cédé le *Globe*, devenu quotidien, à la tête duquel ils avaient mis Michel Chevalier ; ils envoyaient en province de nombreux missionnaires. Chaque grand centre de population avait son église.

La femme fut l'occasion de la rupture. La question de la propriété était résolue : ils

1. Sous la direction de Stéphane Mony (Stéphane Flachat).

étaient collectivistes. La question politique
l'était aussi : ils étaient autoritaires. Ils mettaient à la tête de la Société un philosophe
pape. Ils conservaient l'antique division de
la Société en trois classes, avec cette différence que les philosophes remplaçaient le
clergé, et les industriels la noblesse. Restait
la femme. Ils voulaient l'égalité de la femme,
et par conséquent l'abolition de la puissance
maritale. Ils voulaient aussi appeler la femme
au partage de l'autorité publique. Il y avait
deux pontifes : Bazard et Enfantin. Ils atten-
daient la femme pontife, pour compléter la
trinité. L'attendre ! à quel signe la reconnaître ? Et à quels signes s'étaient-ils recon-
nus et imposés ? Enfantin voulait supprimer
la puissance paternelle, aussi préjudiciable
à l'État que la propriété : et comme la famille
ne se compose que de deux êtres ayant la
même autorité et les mêmes droits, il avait
recours, pour conserver l'harmonie, à l'intervention du couple sacerdotal. Il s'efforçait
d'imposer cette conception à Bazard, dont le

rôle dans leur association était la résistance.
Ne pouvant le convaincre, il confia ses projets à quelques disciples dans l'espoir d'entraîner par leur autorité la soumission de son
collègue.

Je ne puis pas devant cet auditoire expliquer en détail cette famille extraordinaire
où le couple sacerdotal entrait, suivant les
cas, comme amant ou comme amante, pour
ramener la paix dans les cœurs. Lorsque
Enfantin, qui en était le seul inventeur, fit
connaître sa découverte, il y eut des explosions de colère. C'est le libertinage transformé en religion, s'écria Jean Reynaud. Il
rompit aussitôt toutes relations avec l'école.
Carnot, Charton, Pierre Leroux, Émile Péreire, plusieurs autres se retirèrent. Bazard
provoqua une assemblée générale de la famille, dont Carnot nous a retracé les détails.

On se réunissait dans la chambre de Bazard,
petite et simple. Les deux chefs étaient assis
l'un vis-à-vis de l'autre, séparés par les
membres du conclave. La discussion se pro-

longea pendant trois jours, sans autre interruption que pour les repas, qu'on prenait en
commun. Chacun des conclavistes était persuadé qu'il s'agissait de décider du sort de
l'humanité; cette préoccupation était si forte
qu'elle ne donnait place à aucune autre.
Toutes les questions relatives à l'union des
sexes furent discutées avec gravité et anxiété,
en présence de trois femmes, qui prirent
une part active à la discussion. Enfantin était
rayonnant; il parlait en poète et en prophète.
Bazard, vis-à-vis de lui, sombre et replié sur
lui-même, multipliait les objections fortes et
serrées, sans aucun souci d'éloquence. Les
assistants prenaient librement la parole, tantôt pour menacer Enfantin du décri public,
tantôt pour le condamner en leur propre nom
comme violateur de la morale. La conclusion
fut une rupture solennelle. Bazard ne voulut
pas être consolé, et ne tarda pas à mourir[1].
Enfantin, voyant le trésor vide, la famille

1. Il mourut le 19 juillet 1832 à Courtry, près de
Montfermeil. Il était né à Paris le 19 septembre 1791.

diminuée de plus de moitié, et au dehors la loi armée et menaçante, résolut de rompre avec le monde en suivant jusqu'au bout l'exemple des apôtres.

Il avait à Ménilmontant (alors hors de Paris) une propriété patrimoniale. Il s'y retira avec les quarante fidèles qui lui restaient. Il était désormais le seul pontife, en attendant l'avènement de la femme. L'école était divisée depuis 1829, en trois collèges : les fonctionnaires, collège supérieur ou du premier degré ; les aspirants, collège du second degré ; les visiteurs, collège du troisième degré. Les membres de chaque collège se traitaient entre eux de frères ; ils traitaient de Pères les membres du collège ou des collèges supérieurs. C'était toute une organisation hiératique, mais il n'y avait ni costume ni règlement : il y eut, à Ménilmontant, l'un et l'autre. Les fêtes de la rue de Monsigny avaient été calomniées ; la famille embrassa le célibat. Elle abolit chez elle la domesticité qui est un reste d'esclavage ; les

Pères acceptèrent avec beaucoup de simplicité et de gravité les besognes serviles. Ils avaient adopté un costume : jaquette bleue, serrée à la taille par une ceinture de cuir, découvrant sur la poitrine un plastron blanc, sur lequel le nom du Père était inscrit en grosses lettres : le Père Duveyrier, le Père Michel Chevalier. La jaquette se laçait par derrière, avec le secours nécessaire d'un compagnon, pour bien montrer la solidarité ; une cravate et un béret rouges, un pantalon rouge ou blanc, suivant la saison, complétaient le costume. On portait avec cela les cheveux longs et la barbe entière. On avait donné aux femmes les mêmes couleurs, avec une jupe rouge ne dépassant guère le genou, Le costume du Père différait seulement par le plastron, qui portait ce seul mot : le Père, et par la couleur de la jaquette, qui était d'un bleu plus clair. Robespierre aussi, le jour de la fête de l'Être suprême, avait revêtu un habit bleu clair, tandis que les autres membres de la Convention avaient des habits

d'une couleur plus foncée. Il y eut un règlement, avec repas en commun; des chants
composés par Félicien David pour régler et
animer les exercices. Au-dessous du Père,
Olinde Rodrigues était le chef du culte; il
tenait la bourse commune, qui se vidait,
hélas! très rapidement. Il fonda une société
en commandite pour la propagation et l'ex-
ploitation de la religion saint-simonienne.
Cette tentative ne réussit pas. Olinde Rodrigues saisit un prétexte et se retira. Mauvais signe pour eux : le disciple favori de
Saint-Simon les abandonne; et mauvais signe
aussi pour lui : il les quitte au moment où ils
vont périr. La fidélité des autres ne se
démentit pas. Michel Chevalier semble avoir
été le directeur de la maison, quelque chose
comme le capitaine de pavillon à bord d'un
vaisseau amiral.

Il avait alors vingt-six ans, étant né à
Limoges ·le 13 janvier 1806[1]. Sa carrière,

1. Son père y était chef de bureau à la direction des
contributions indirectes,

qui ne faisait que commencer, était déjà brillante. Entré à l'École en 1823, il en sortit avec un des premiers numéros, fut classé dans les mines, et se trouvait, à vingt-quatre ans, ingénieur au service du département du Nord. Il avait embrassé avec ardeur les idées de Saint-Simon. Ses articles de l'*Organisateur* et surtout l'un d'eux, intitulé *la Marseillaise du travail*[1] avaient été remarqués par Enfantin, qui le regardait à la fois comme un administrateur et comme un vulgarisateur. Quand Pierre Leroux céda à l'école la propriété du *Globe*, Bazard et Enfantin en proposèrent la direction à Michel Chevalier, qui n'hésita pas à quitter la carrière des mines, où il s'était déjà fait une place importante[2]. Plus tard il suivit Enfantin

1. *Organisateur* du 11 septembre 1830.
2. *Le Globe* parut à partir du 27 août 1831 avec ce sous-titre : *Journal de la religion saint-simonienne*, et avec l'épigraphe suivante :

« Toutes les institutions sociales doivent avoir pour but l'amélioration morale, intellectuelle et physique de la classe la plus nombreuse et la plus pauvre. »

à Ménilmontant, prit l'habit, embrassa la règle, se dépouilla de ce qu'il possédait, et s'astreignit à l'obéissance et au célibat.

On entrait rapidement dans les jours sombres. Quand mon ami le docteur Pellarin, qui fut plus tard beau-frère de Littré, quitta la secte et demanda la restitution de ce qui lui restait de son patrimoine, on la lui fit attendre longtemps, non par mauvaise volonté, mais par impuissance. Les réclamations des créanciers affluaient. On vit des saint-simoniens en costume se louer comme journaliers pour apporter à la famille leur salaire. Les pouvoirs publics, dont la patience avait duré longtemps, étaient entrés en mouvement. Ils s'étaient contentés d'abord d'expulser l'école de Paris, par mesure de police; puis, comme elle continuait sa propagande à Ménilmontant, les mandats furent lancés, et

« Tous les privilèges de naissance, sans exception, sont abolis.

« A chacun selon sa capacité, à chaque capacité selon ses œuvres. »

le parquet déféra à la cour d'assises le Père Enfantin (Bazard était mort), Olinde Rodrigues, quoique dissident, Michel Chevalier et Duveyrier. Michel Chevalier adressa au procureur du roi une lettre de protestation contre cette mesure « émanée d'un roi athée, et nuisible à l'ordre public et au libre travail ».

Les saint-simoniens procédaient solennellement le 1er juillet 1832 à la construction du temple au milieu de leur jardin, en chantant des hymnes composés par Félicien David. Les travailleurs étaient sur trois rangs : les pelleteurs, dirigés par Duveyrier, les brouetteurs, sous la conduite de Ribes, et les remblayeurs, ayant d'Eichthal à leur tête. La foule était accourue à ce spectacle, et Barrault lui adressait un sermon, quand le commissaire de police Maigret se présenta. « Nous préparons le culte qui doit appeler à notre foi les femmes et le peuple, » lui cria Michel Chevalier, livrant sans y penser le secret de son faux mysticisme. Le commissaire déposa sa sommation, et se contenta de disperser les curieux. La même scène se reproduisit à quelques jours de distance. Peut-être espérait-on les lasser, les intimider. Enfin le 27 août commencèrent les débats de la cour d'assises.

Le départ eut lieu avec une certaine pompe. Michel Chevalier fit sonner le cor, la famille entonna le chant du *Salut*. Le Père marchait au milieu, précédé par Aglaé Saint-Hilaire et Cécile Fournel, qu'il avait choisies pour avocats. Les saint-simoniens l'entouraient. « Ceux qui nous aiment peuvent suivre, » dit Michel Chevalier. Et le cortège fut en effet suivi par un assez grand nombre d'hommes et de femmes. On faisait la haie pour les voir passer, sans dérision et sans sympathie.

Devant la cour, Enfantin prit le titre de chef de la foi nouvelle; ses coaccusés, celui d'apôtres [1]. Les témoins qu'on appela appartenaient à la secte. Après la lecture par le

---

1. A l'exception d'Olinde Rodrigues, qui se prétendait le seul représentant de Saint-Simon.

président, de la formule du serment, chacun d'eux se tournait vers le Père Enfantin, et lui demandait s'il pouvait prêter le serment. Quelques-uns se bornaient à le consulter du regard. Enfantin disait à la cour : « Le témoin ne jurera pas. » On avait refusé de lui laisser pour avocats Aglaé Saint-Hilaire et Cécile Fournel. Il protesta contre cette exclusion des femmes dans une cause qui intéressait spécialement les femmes. Son attitude fut constamment celle d'un illuminé. Il attribuait à son regard un pouvoir fascinateur. Il l'essaya sur les jurés et sur l'avocat général, qui était M. Delapalme. « Je désire apprendre à M. l'avocat général l'influence puissante de la forme, de la chair, des sens, et pour cela, lui faire sentir celle du regard. » Son discours fut long, obscur, parfois brillant, interrompu par des pauses prolongées contre lesquelles le président protestait en vain. « Vous n'avez dit-il, pour remèdes aux maux dont souffre la société, d'une part que *les Madelonnettes,* et *les Filles repentantes* de l'autre, que *la*

Force ou *Sainte-Pélagie*. Voici, pour nous, nos remèdes : sanctification de la beauté et réhabilitation de la chair, direction et règle des appétits physiques, réorganisation de la propriété, car la misère du travailleur et la richesse de l'oisif sont les causes matérielles de l'adultère et de la prostitution. » Il explique très loyalement que la propriété ne doit plus « être fondée sur le droit de naissance ». C'est sans doute une grande révolution, mais elle se fera progressivement, pacifiquement, volontairement. Ce mot « volontairement » irritait M. Delapalme, qui ne voulait y voir que de la fourberie. C'était un magistrat de carrière, avec les qualités et les défauts de l'espèce. Je l'ai beaucoup connu : ferré sur le droit, bon logicien, mauvais psychologue, pour lequel il existait à peine une différence entre le mysticisme et la folie.

Pour moi, je pense que les accusés étaient de bonne foi. Ils étaient dans cet état particulier de l'âme où l'on se sent convaincu, tout en conservant la peur de ne pas l'être.

Michel Chevalier le prit de très haut. Après une invocation au Père Enfantin, il prit corps à corps l'accusation d'escroquerie et de révolte contre le gouvernement, et en fit justice avec un dédain et une hauteur incomparables. « Que nous reproche-t-on après cela? dit-il, d'avoir fondé une religion nouvelle. » Et partant de là, il montra que sa cause était celle de tous les apôtres. Son histoire des religions remontait jusqu'aux prêtres indous et égyptiens, et s'étendait jusqu'à Jésus-Christ. Elle était d'une haute fantaisie. Il insistait surtout, en morale, sur la nécessité de reconnaître les droits des prolétaires. « Nous avons aboli la domesticité; et par notre pratique, par notre culte, par l'association de l'art, nous avons réhabilité et rehaussé les travaux, flétris jusqu'à ce jour, comme grossiers et vils, du prolétariat. » M. Delapalme avait plaisanté sur le costume. « Il représente, dit Michel, le caractère de notre apostolat : mâle travail, simplicité, alerte continuelle. La question du costume a

une gravité que vous, monsieur l'avocat
général, ne paraissez pas soupçonner. Quel
effet croyez-vous que vous eussiez produit
si vous fussiez venu fulminer votre réquisitoire, non avec votre ample robe de soie noire
et votre toque à ganse d'or, mais avec votre
robe de chambre à ramages, et la tête cou-
verte d'un insouciant foulard? »

Le président lui imposa silence. Le jury
rendit un verdict affirmatif sur toutes les
questions. La cour condamna Enfantin, Duveyrier et Michel Chevalier chacun à un an
de prison et cent francs d'amende, Olinde
Rodrigues et Barrault à cinquante francs
d'amende, avec saisie des écrits et dissolu-
tion de la Société.

Toute la famille saint-simonienne regagna
les hauteurs de Ménilmontant au milieu d'une
foule immense. Enfantin harangua les femmes
qui le suivaient et les exhorta au silence et
au recueillement. De loin en loin des cris
injurieux s'élevèrent sur leur passage, sans
troubler les apôtres, qui entonnèrent le chant

de l'*Appel*, en arrivant à la barrière, et le chant du *Salut* en entrant dans la maison de Ménilmontant[1].

L'attitude était ferme, le découragement profond. Ils perdaient Enfantin et Chevalier, le maître des âmes et le maître des intérêts matériels[2]. Personne ne pouvait les remplacer pendant leur emprisonnement. Au bout de quelques semaines de solitude et de réflexion, le sens pratique l'emporta dans l'esprit de Michel Chevalier, et éteignit les ardeurs mystiques.

Ce fut la fin de l'église saint-simonienne, qui donna au monde trois spectacles : le courage avec lequel elle rompit en visière à la morale commune et à toutes les habitudes reçues, et accepta, comme le disait

1. M. Dubédat, *Recueil de l'Académie de législation de Toulouse*, t. XXXVI (1887-1888).

2. Enfantin et O. Rodrigues eurent à subir un second procès, celui-là pour escroquerie, et en police correctionnelle. L'accusation était ridicule ; les prévenus se défendirent cette fois d'une façon sérieuse, et l'acquittement fut prononcé.

Enfantin, la vie de moine en attendant les récompenses de Dieu ; la violence et le fanatisme déployés à la cour d'assises, et suivis immédiatement de la plus complète résignation ; l'ardeur et l'habileté aussitôt montrées par les principaux adeptes dans des carrières scientifiques ou administratives auxquelles il ne semblait pas que le mysticisme fût une préparation bien directe.

Quelques-uns, en très petit nombre, devinrent fouriéristes ; d'autres, moins nombreux encore, s'attachèrent au positivisme. La veuve de Bazard, son gendre Saint-Chéron, et Abel Transon, qui était prêtre, retournèrent au catholicisme. Les autres revinrent à leurs carrières abandonnées. On connaît la grande destinée des Péreire. Laurent (de l'Ardèche) fut magistrat, puis député, et enfin bibliothécaire. Stéphane Mony, que nous avons vu dans les assemblées de l'Empire, dirigea les houillères de Commentry. Olinde Rodrigues fut banquier ; Duveyrier, vaudevilliste [1]. Ce serait une étude digne d'un philosophe que de suivre dans leur transformation tous ces apôtres ou du moins ceux d'entre eux qui avaient joué un rôle prépondérant, et de constater en eux les traces subsistantes des doctrines saint-simoniennes. Un seul resta jusqu'au bout fidèle, et ce fut le Père. « Je suis, disait-il, comme ces condamnés marqués au fer chaud par le bourreau. Je porte sur moi le signe visible du sceau invisible. » Il habita quelque temps l'Égypte, parcourut l'Algérie, revint en France, s'occupa d'affaires sans pouvoir s'y attacher, et publia des livres et des brochures qui auraient pu être datées de Ménilmontant. Sa brochure, intitulée *Dieu et l'Homme*, passablement hardie, était dédiée à l'empereur, ce qui la sauva de la proscription. Pendant son séjour en Égypte, il conçut l'idée du percement de l'isthme de Suez, commença des

1. Auteur de *Michel Perrin*, de la *Marquise de Senneterre*, etc. *Michel Perrin* en collaboration avec son frère aîné, célèbre sous le nom de Mélesville.

études sur la question, et fit une proposition formelle au gouvernement du vice-roi [1]. Dans de pareilles matières, l'idée est beaucoup sans doute; l'idée du percement remontait à la plus haute antiquité; des travaux avaient eu lieu sous les Ptolémées; Bonaparte en trouva la trace pendant l'expédition d'Égypte. C'est surtout l'exécution qui demande les qualités d'un grand esprit; la ténacité, l'esprit de suite, l'habileté diplomatique, l'habileté technique, l'habileté administrative. Plus d'un, avant Colomb, avait eu le rêve d'un autre monde; mais Colomb y est allé.

S'il s'agissait de discuter la priorité de cette idée de percement, Michel Chevalier l'avait eue avant Enfantin, Saint-Simon avant l'un et l'autre, car il n'avait que dix-neuf ans quand il proposa au vice-roi du Mexique le percement du Panama. Au moment où Michel Chevalier entrait en prison pour pur-

1. Enfantin mourut à Paris le 31 mai 1864. Il y était né le 8 février 1796.

ger sa condamnation, il avait déjà, malgré sa
jeunesse (vingt-six ans), un passé considérable. Il était arrivé au grade d'ingénieur
pour le service des mines, ce qui suppose
une grande somme de connaissances et de
travaux. Devenu sectateur enthousiaste d'Enfantin, il avait publié une sorte de synthèse
philosophique et théologique, écrite dans le
style de l'Apocalypse, et que je ne compte
pas parmi ses titres de gloire. Cet esprit
pratique et positif, s'efforçant de parler de
choses qu'il ignore et dans un style qu'il
s'impose, et qui ne répond ni à ses aptitudes ni aux tendances véritables de son
esprit, donne au lecteur une impression
assez pénible. Mais à côté de ces extrava-
gances, des articles de lui, qui avaient paru
dans le *Globe* et qui furent réunis sous le
titre de *Système de la Méditerranée*, témoi-
gnaient d'une grande fécondité de vues,
et d'une hardiesse appuyée sur des connaissances sérieuses. Il y proposait l'idée
saint-simonienne par son beau côté, qui

était de fermer l'ère des guerres et de la remplacer par l'ère des grands travaux d'utilité publique. Il voulait transformer le monde matériel, pour transformer le monde politique et le monde moral. Il prenait la mer Méditerranée pour base d'opération, et proposait un chemin de fer reliant les peuples de l'Occident à Constantinople et descendant jusqu'à Alexandrie d'Egypte et au golfe Persique. Il perçait l'isthme de Suez, et mettait ainsi tous les peuples européens en communication directe avec l'extrême Orient. Il avait fait ses calculs, dont je ne garantis pas l'exactitude. Ce travail gigantesque devait coûter dix-huit milliards. Il ne se bornait pas absolument à la Méditerranée et à l'isthme de Suez. Il jetait des regards sur l'Amérique, qu'il brûlait de connaître, et qui n'était pas, comme aujourd'hui, notre voisine. Là aussi il trouvait des voies à ouvrir pour porter rapidement la civilisation jusqu'aux extrémités du globe, et il proposait le percement de l'isthme de Panama.

Cet écrit remonte à un demi-siècle. Percer des isthmes! Entourer la Méditerranée d'un cercle de chemins de fer! Dépenser dix-huit milliards! Cela parut extravagant. Le budget de la France était alors d'un milliard. Le plus long chemin de fer européen était celui de Manchester à Liverpool. Les contemporains prirent ce projet, très sérieusement étudié, pour un rêve à la façon de ceux de Fourier, et accusèrent Michel Chevalier de n'être que le romancier de l'économie politique. Des esprits plus sagaces, et parmi eux M. Molé qui était au pouvoir, y démêlèrent un fonds de science et de bon sens avec une grande abondance d'idées nouvelles. M. Molé pensa qu'il y avait là une force à utiliser, et qu'il valait mieux rattacher ce jeune homme au gouvernement que de le pousser parmi les déclassés et les révoltés. Michel Chevalier, de son côté, après six mois d'emprisonnement, arrivait à penser qu'il ne fallait pas brusquer l'humanité, et qu'il convenait de la manier avec précaution et mesure. On lui fit la remise du reste de sa peine; et pour effacer complètement le souvenir de la femme-messie, de l'abolition de l'héritage et du costume apostolique, on lui confia la mission d'aller étudier l'Amérique de près.

C'est à peine si nous y étions retournés depuis La Fayette et Rochambeau. Nous savions seulement que le genre humain se démenait furieusement dans la République nouvelle, et que les années y valaient des siècles. Michel Chevalier fut ravi, et du travail offert à son activité, et de l'abîme creusé entre lui et son passé.

Il fut conquis dès le premier jour de son arrivée. Lui qui venait de livrer bataille à l'inertie et à la routine, il se trouvait transporté dans un monde entièrement nouveau, agité par un mouvement sans repos ni trêve. Il en fut rempli de joie. La vie chez nous est une perpétuelle station, dit-il dans ses premières lettres; elle est ici un voyage perpétuel. On n'a pas ici un peuple voisin, contre lequel on peut être à chaque instant obligé de batailler ; donc pas d'armée, pas de trésor de guerre, pas d'éducation homicide. Tout le temps, tout l'argent, toute l'intelligence, toute la force ont pour objet d'améliorer le sort commun par de nouvelles découvertes et de nouveaux arrangements. Il n'y a pas de routine parce qu'il n'y a pas de passé ; il n'y a pas de citoyens ayant autorité sur les autres par droit de naissance, puisque toutes les familles sortent d'une même souche ; il n'y a pas non plus de riches par droit héréditaire, car la propriété passe de main en main avec une facilité et une rapidité qui en font une valeur mobilière. Son rôle principal est d'être un objet de spéculation, une marchandise. On n'a qu'un but : gagner ; qu'une préoccupation : aller vite. On devient riche en un clin d'œil ; en un clin d'œil aussi on perd ses richesses ; on en est quitte pour recommencer. La faillite elle-même n'est autre chose qu'une blessure reçue dans la bataille. En Europe, quand la population devient trop dense pour la terre qui la porte, il n'y a d'issue

que la grève ou la guerre ; en Amérique,
il y a l'émigration facile, l'émigration qui
n'est qu'un simple déplacement ; le départ
pour le Far-West. Et qu'est-ce que le Far-
West ? C'est la terre à ameublir, à fécon-
der; les forêts à défricher, les animaux à
domestiquer, les déserts à sillonner de routes et de canaux, les villes à créer ; un monde
inconnu à côté de ce monde tout neuf, une
carrière sans fin pour une activité dévo-
rante.

Le peuple qu'il a sous les yeux est uniquement agricole; il tire d'Europe ses produits
manufacturés; mais cela, dit-il, ne durera
pas! Les plus hardis commencent à monter
des usines; ils ont la matière première, le
charbon, de grands fleuves, des bras tant
qu'ils en peuvent souhaiter, la paix, et des
taxes à peine sensibles, comparées à celles
que la guerre nous impose; avec cela, par-
dessus tout cela, ils ont le besoin de courir,
devenu pour eux une seconde nature. Que
l'Europe s'attende à subir dans ses marchés

le rude coup de la concurrence américaine ; cette concurrence existe déjà pour les céréales ; elle ne tardera pas à venir pour les fils et les tissus, pour la corroirie, pour tous les objets de l'activité humaine. L'Amérique fournira du charbon en abondance, quand l'Europe aura consommé tout le sien. A nous, il n'en reste pas pour deux siècles. Si les vieux peuples s'obstinent dans leurs luttes fratricides, le nouveau venu mettra sur eux sa main puissante. Voilà ce que prédisait Michel Chevalier en 1835.

Il envoyait ses lettres au *Journal des Débats*, où elles avaient le plus vif succès. Tout cela était nouveau pour nous ; cela semblait le pays des rêves. Les lettres étaient écrites d'un style rapide, correct cependant, élégant, où les images et les mots heureux abondaient ; les vues nouvelles ne manquaient pas à côté des faits nouveaux ; on sentait le saint-simonien, dégagé des vieux préjugés et habitué à prophétiser. Il le faisait avec tant de perspicacité que ses lettres sur l'Amérique se lisent encore aujourd'hui avec fruit et avec plaisir parce qu'on aime à voir le rêve d'autrefois devenu la réalité présente. L'auteur a l'air de ne parler que de l'Amérique; il parle, pour le moins, autant de l'Europe. Il trouve le moyen de développer ses propres théories sous prétexte de raconter les idées et les institutions américaines. Voilà ce qu'ils font; voilà ce que nous faisons; voilà ce qu'on devrait faire. Tout cet ensemble est animé, puissant, courant; pas de vaines dissertations; l'exposition est partout si claire qu'elle contient pour ainsi dire en soi la démonstration. Michel Chevalier, qui est « en voyage » comme les Américains, et qui n'aime pas à s'attarder dans les stations, doit être bien surpris s'il retrouve dans sa mémoire quelques bribes de ses compositions apocalyptiques. Il doit rire de ce style, qui est en effet risible; mais prenez garde: ses idées n'ont pas changé.

Avant tout, il est préoccupé, comme tout bon saint-simonien, de la femme. On l'entoure d'égards en Amérique ; non pas de cette politesse dérisoire des salons européens, où on l'accable de compliments et d'idolâtrie, à condition de la traiter secrètement comme une prostituée ou une bête de somme ; ici, c'est un respect sérieux, une déférence compatissante et efficace. Une jeune fille américaine va partout sans protecteur, parce que tous les hommes la protègent. Ceux qui lui appartiennent de plus près s'efforcent de lui épargner les plus durs travaux ; ils les prennent pour eux : c'est leur manière d'établir leur supériorité. Après le mariage, les égards subsistent, la liberté disparaît. L'autorité maritale est très lourde en Amérique : constatation pénible à faire pour un disciple d'Enfantin qui a vainement attendu à Ménilmontant la venue de la femme-pontife. Le remède pour les Américaines, est dans la séparation, que la loi rend très facile, et dans la vie affairée et tout extérieure du mari. On ne souffre pas de son autorité, parce qu'on ne voit pas sa personne. Marié à vingt ans, il ne faut pas que son mariage interrompe ou change ses affaires. Il n'y a pas de dot ici, parce qu'il y a peu ou point d'accumulation de capital. On y connaît à peine ce que nous appelons des placements de tout repos, et des placements uniquement productifs de rente. On dépense ce qu'on a, et quelquefois quelque chose de plus, pour travailler et pour produire. C'est là ce qu'on appelle la véritable économie. Il faut gagner; gagner à présent pour la femme, demain pour la famille. En avant pour la bataille de la vie! Le travail incessant, persévérant, fait son œuvre dans la maison comme dans la cité. Il est pacifiant; il est la paix.

Cette société active et positive n'est pas athée comme la nôtre. Quelle absurdité chez les vieux peuples de vouloir se passer de religion! En Amérique, on les a toutes. Michel Chevalier aimerait mieux une seule, et celle qu'il préfère est la catholique; mais la catholique accommodée à la mode saint-simonienne, renonçant à des habitudes surannées de domination, et à des doctrines sur le mariage incompatibles avec les idées modernes. Cette théologie, je l'avoue, n'a pas l'ombre du sens commun ; je n'en retiens que cette idée bien arrêtée, qu'un peuple a besoin du frein religieux. La religion ne sert pas seulement comme frein et comme lien ; elle est un objet d'art, ce qui est à considérer en politique, car la beauté est une force sociale.

Michel Chevalier, comme tous les Pères de Ménilmontant, est autoritaire et aristocrate. Les États-Unis ne donnent pas satisfaction à ses idées autoritaires ; sans le travail, qui est une règle par lui-même, on serait bien près de l'anarchie. L'Europe elle-même, dans plusieurs États, et surtout en France, a les symboles de l'autorité, et n'en a pas la réalité. La France diminue son roi tant qu'elle peut ; elle l'asservit ; à qui? A la bourgeoisie. Et qu'est-ce que la bourgeoisie? Une caste égoïste, composée de patrons qui exploitent le peuple, et d'oisifs qui vivent de la propriété héréditaire. Michel Chevalier

est bien près dans ce temps-là de dire le mot
de Proudhon : la propriété, c'est le vol;
j'entends la propriété héréditaire. Il ne le
dira pas plus tard, quand il aura un peu plus
dépouillé le saint-simonien ; et pourtant, il
travaillera toute sa vie à rendre mobile le
fonds de terre, à établir la supériorité du travail sur la naissance.

Dans le même ordre d'idées, il veut une
instruction technique. Mgr Dupanloup disait
un jour très sérieusement à la tribune : « Les
classes dirigeantes resteront toujours les
classes dirigeantes, en dépit de vos efforts,
parce qu'elles savent le latin . » Michel Chevalier, tout au contraire, promettait la supré-
matie à ceux qui remplaceraient les études
inutiles (c'est son mot, et c'est le latin) par
des connaissances pratiques. Ces classes
dirigeantes, qu'elles soient composées d'ingénieurs ou de latinistes, peuvent à peine
s'appeler une aristocratie. C'est plutôt une
bourgeoisie. Il y a une bourgeoisie aux États-
Unis comme chez nous; mais chez nous

(1835) elle est la maîtresse ; aux États-Unis, elle est dominée, mâtée et gouvernée par une démocratie toute-puissante. La société politique aux États-Unis a les pieds en haut et la tête en bas ; la force y est maîtresse de l'intelligence. Nous en viendrons là en France, pour deux raisons : d'abord parce que le principe du suffrage universel, très combattu (1835), fait, en dépit de tout, son chemin, et ensuite parce que la bourgeoisie n'est qu'une bourgeoisie. Ce que voudrait Michel Chevalier, c'est une véritable aristocratie.

J'ai déjà noté qu'il a, dans ce livre de jeunesse, comme un don de prophétie. Il prévoit le suffrage universel, et on n'en était pas encore à réclamer l'adjonction des capacités. Le cens, sur lequel on vivait, était un compromis, une fiction ; tous les esprits avisés auraient dû le sentir. La première secousse, celle de 1830, l'avait abaissé, sans réclamation de ceux-mêmes dont la peur est toute la politique ; la seconde secousse, celle de 1848, devait fatalement le supprimer. On était encore loin de 1848, et Michel Chevalier, qui n'était pas prophète en cela, croyait à la durée indéfinie de la monarchie de Juillet, mais il voulait la perfectionner, l'armer, augmenter le pouvoir royal, remplacer la bourgeoisie par une aristocratie véritable, composée, selon le vœu de Saint-Simon, des grands industriels et des grands ingénieurs. Si l'on continuait à s'en tenir au cens, c'est-à-dire à la consécration de l'oisiveté et de la propriété héréditaire, il prévoyait que la démocratie briserait tous les liens créés par la loi et désavoués par la nature et la raison; elle balayerait la bourgeoisie, pour se mettre à sa place, comme aux États-Unis. La bourgeoisie, au moment de la lutte, en appellerait à son appui nécessaire, qui est la royauté ; mais quoi ! elle a pris soin de la détruire d'avance, de la confiner dans un rôle de parade, où elle ne parle que par la voix des ministres, et ne fait les ministres que par l'autorité du scrutin.

Ainsi l'Europe va à la démocratie, c'est-à-dire à la ruine politique ; elle va à la République, c'est-à-dire à l'anéantissement de l'autorité ; ce n'est pas moi qui parle, c'est Michel Chevalier, ou plutôt, c'est l'auteur des *Lettres sur l'Amérique du Nord ;* comme elle n'a que des fantômes de rois, elle n'a aussi que des fantômes de fonctionnaires ; ils sont en apparence, commandés par le pouvoir et ils sont, en réalité, au service des assaillants du pouvoir ; toutes les forces vives, argent, bras, hommes d'élite, sont absorbées par les préparatifs de guerre (qu'aurait-il dit en 1889?), il ne reste plus ni hommes ni argent pour le travail et l'école ; les fonds de terre sont immobilisés ; les enfants sûrs d'un patrimoine s'endorment dans l'oisiveté, ce qui prive l'atelier commun et le trésor commun des fruits de leur travail ; l'oisiveté et la servitude des femmes les conduisent à la prostitution affichée et à la débauche cachée ; le scepticisme et l'athéisme corrompent les mœurs, abaissent les intelligences, détruisent les arts. Il faut avouer qu'en tirant Michel Chevalier de sa prison, et en l'envoyant aux Etats-Unis pour catéchiser les deux mondes, M. Molé n'a pas donné un panégyriste à la vieille société et à la nouvelle monarchie.

En dépit de certaines exagérations qui rappellent l'ancien sectaire, il y a du nouveau et du bon dans cette seconde forme de la prédication saint-simonienne. Elle montre bien le danger de prendre une fiction pour une réalité, et de compter sur elle comme sur un appui solide ; elle glorifie avec raison le travail ; elle oppose la théorie des dépenses utiles à celle des économies obstinées ; elle découvre la loi nouvelle des sociétés modernes, que j'ai à mon tour formulée par ces mots : courir ou mourir ; elle montre la nécessité des croyances religieuses, le rôle social de l'art ; elle conclut à la suppression de la guerre par l'arbitrage international ; elle cherche l'amélioration des mœurs dans l'amélioration et l'agrandissement du rôle de la femme. Elle propose, comme réformes immédiates, les écoles professionnelles, la création des grandes voies de communication (chemins de fer, canaux, percements d'isthmes), la fondation des établissements de crédit et la mobilisation de la propriété foncière. Les écoles professionnelles! Qu'on ne s'y trompe pas. Quand Michel Chevalier les réclame avec une énergie qui ne se lasse jamais, il s'agit pour lui de remplacer l'enseignement classique par l'enseignement technique, et les beaux esprits par les hommes d'affaires.

Il ne faut pas s'étonner qu'à son retour en Europe, l'auteur des *Lettres sur l'Amérique* se soit vu à la fois populaire dans le grand public, compté et estimé dans la petite élite des gens éclairés et capables. Il avait commis dans sa première jeunesse des excentricités de pensée et de conduite; et même alors, il les rachetait par le travail et le sacrifice. On sentait plus confusément qu'on ne le fait aujourd'hui que le mouvement saint-simonien n'avait pas été complètement stérile, et qu'à côté de leurs folies, ces jeunes gens avaient remué des idées et suscité des sentiments dont la société ferait son profit. Il avait ensuite jeté la lumière sur un monde encore inconnu, et tout en nous le racontant, il avait, par des rapprochements heureux, montré à la vieille Europe comment elle pouvait recevoir de ces nouveaux venus des leçons de sagesse. Pour la seconde fois, il avertissait ses contemporains de ne pas s'obstiner dans des routines impuissantes ; mais il l'avait fait d'abord au nom d'utopies ; et il le faisait à présent, avec plus de réserve et de discernement, en s'appuyant sur l'exemple d'une population aussi avisée que hardie. Étant très avisé lui-même, il comprit qu'il fallait faire deux parts de ses anciennes préoccupations : rejeter comme un fardeau trop lourd tout ce qui touche à la mission de la femme et à l'organisation de la famille ; laisser dans l'ombre la théologie ; en retenir seulement l'idée de la nécessité sociale des religions.

En revanche, il conserva toutes ses doctrines sur le travail, l'industrie, le crédit, l'instruction technique. Humboldt disait de son livre sur l'Amérique du Nord que c'était « un traité de la civilisation des peuples de l'Occident ».

Il fut d'abord journaliste au *Journal des Débats* et à la *Revue des Deux Mondes* [1], qui étaient alors, et qui sont encore du reste, par l'habileté de la direction et le talent des écrivains, de véritables puissances. A cette époque, le nombre des journaux étant fort restreint, un grand journaliste était un autre personnage qu'aujourd'hui où les grands journalistes abondent. Le gouvernement l'envoya à Londres en 1836, l'année même de la publication en volumes des *Lettres sur l'Amérique du Nord*, pour y étudier la crise commerciale. Il fit, en arrivant, une chute qui mit ses jours en danger. Il devait faire un second voyage en Amérique. Cet accident

1. Aux *Débats* depuis 1832; à la *Revue des Deux Mondes* depuis 1836.

l'obligea à rentrer à Paris, où il ne tarda pas à publier un livre qui eut de nombreuses éditions : *les Intérêts matériels en France, travaux publics, routes, etc.* Un livre qui est une date.

Il y a deux écoles en économie politique : l'école de la sagesse, qui accumule les ressources, et, en les accumulant, augmente leur disponibilité et diminue leur extension ; et l'école de la hardiesse, qui les utilise pour les augmenter, au risque de ne plus les avoir sous la main s'il se produit inopinément un péril. Michel Chevalier, comme il convenait à un ancien saint-simonien, était pour la hardiesse contre la sagesse. Fausse sagesse, qui ne tarderait pas à devenir de la folie, quand le monde nouveau aurait définitivement pris son essor. Déjà, dans les *Lettres sur l'Amérique,* il avait démontré que le rentier, qui se contente de la rente et vit oisif sur son capital, est voué à une ruine certaine. Il explique, dans ses *Intérêts matériels,* que cet ennemi de soi-même est en même temps un

ennemi public. Il est bien près de le traiter
comme les émeutiers de 1789 et 1790 traitaient les accapareurs. S'il ouvrait son trésor,
que de trésors nouveaux en tirerait l'industrie !
Le génie aurait son expansion naturelle, les
ouvriers manqueraient au travail, tandis
qu'aujourd'hui c'est le travail qui fait défaut
aux ouvriers, des salaires élevés porteraient
le bien-être dans les familles, les produits
manufacturés seraient perfectionnés et cen-
tuplés ; au lieu d'être concentrés parmi les
riches, ils deviendraient accessibles aux plus
humbles ; des voies de communication com-
modes et rapides rapprocheraient les membres
de la famille humaine, et l'argent refluerait
vers sa source sous la forme de revenus industriels dix fois, cent fois plus importants que
les misérables arrérages dont se contentent
les somnolents et les moribonds : tel est le
rêve ou plutôt l'espérance qui anime tous ses
écrits. La campagne se poursuit de nos jours,
et elle est surtout active, à chaque discussion
du budget, entre ceux qui dépensent ce qu'ils

n'ont pas, et ceux qui refusent d'utiliser ce qu'ils ont. Michel Chevalier saint-simonien, et Michel Chevalier économiste, ce qui ne fait pas deux hommes aussi différents qu'ils en ont l'air au premier abord, fut constamment l'apologiste de la dépense. C'est dans le même sens qu'il est l'ennemi des brevets d'invention. Sa politique financière est de créer beaucoup de produits utiles, qui à leur tour créent de grands revenus. Il propose de transformer le monde par l'industrie, appuyée sur la science. Cette révolution est plus profonde que la révolution politique. Ses résultats sont plus solides, sa marche est plus irrésistible. Appliquée aux finances privées, elle côtoie la faillite; c'est la condition de l'audace dans les transactions commerciales. Mais qu'est-ce que la faillite, dans le monde immobile? L'anéantissement et le déshonneur. Et qu'est-ce que la faillite dans le monde qui marche? Un coup reçu dans la bataille avec excitation à recommencer. Michel Chevalier est à la tête du monde qui marche. Il n'est pas, tant s'en faut, l'apologiste de la faillite ; il regarde la bonne foi dans les transactions comme la plus essentielle et la plus productive qualité du commerçant ; mais il demande la transformation de nos codes, comme conséquence de la transformation de l'industrie, quelque chose comme l'abolition de la peine de mort en matière de commerce.

Il fut nommé, en 1838, conseiller d'État en service extraordinaire [1] ; membre du conseil supérieur du commerce et du conseil supérieur de l'instruction publique, professeur d'économie politique en 1840, en remplacement de Rossi.

Bon, disait Rossi ; le voilà professeur d'économie politique : il l'apprendra. C'est le mot de tous les maîtres jugeant leur successeur. Cela veut dire ici et partout : il quittera l'école qu'il essayait de fonder, et qui était détestable, pour la mienne, qui est parfaite. Mais Rossi se

---

1. Le 9 mai 1838. Il était maître des requêtes en service extraordinaire depuis le 15 novembre 1836.

trompait de toutes façons. Michel Chevalier était dès lors un maître, et malgré cela ses idées ne différaient pas assez des idées de son illustre prédécesseur pour qu'il fût permis de dire : c'est une autre école. Au fond ce que Rossi condamnait dans Michel Chevalier, c'était son passé aventureux, et la forme brillante de son enseignement. Michel Chevalier, de son côté, dédaignait la circonspection de Rossi, qui n'allait pas sans un peu de morgue. Dans son discours d'ouverture, il fit l'éloge de J.-B. Say, comme s'il lui eût succédé directement, et ne dit pas un mot de Rossi. Rossi était un maître ; Michel Chevalier était plutôt un professeur. Personne ne l'égalait pour exposer une doctrine avec lucidité, et pour rendre attrayante la science nouvelle que Cousin, dit-on, appelait dédaigneusement la littérature ennuyeuse.

Je dois mentionner ici, au moment où il prend place dans le haut enseignement, une école d'enseignement moyen, ou même primaire, qu'il essaya de fonder à Paris sur le modèle de l'école de La Martinière, qui rend des services signalés à l'industrie lyonnaise. On sait que sa triple préoccupation était de fonder des voies de communication, des banques populaires et des écoles techniques. L'école de Paris allait être créée, grâce à ses efforts, et annexée au Conservatoire des arts et métiers. Le rapport, fait par M. Martin du Nord, avait été approuvé par le roi et publié au *Moniteur*[1]. La chute du ministère Molé emporta tout. Ce fut un grand chagrin pour Michel Chevalier. Vers le même temps, il poussait à la création d'une La Martinière à Reims[2]. Son idéal était de faire une classe

1. 23 décembre 1838. Le *Moniteur* était le *Journal officiel* de ce temps-là.

2. Lettre à M. Warnier, le 5 novembre 1873. « Les jeunes gens élevés par cette méthode font des choses surprenantes pour la rapidité et l'exactitude, comme calculateurs, comme dessinateurs, etc. Si elle ne s'est pas propagée, c'est que l'Université, dans sa routine, ne l'a pas voulu et que le dédain de quelques hommes d'État pour le progrès populaire, y a fait obstacle... Il me semble, mon cher député et ami, que puisque vous avez la corde, il serait bon d'en profiter pour doter Reims d'un enseignement qui a fait tant de bien à l'industrie lyonnaise. Envoyez-y voir, etc. »

dirigeante, composée d'ingénieurs et de chefs d'industrie, pour remplacer les classes dirigeantes de Mgr Dupanloup, « *qui savent le latin* ».

Rossi et Michel Chevalier étaient libéraux en économie politique, et doctrinaires en politique. Quelques-uns des amis de Michel Chevalier m'écrivent qu'il était libéral en toutes choses, même en politique. Ils se trompent. Il n'a jamais été libéral; il était trop saint-simonien pour cela. Il était autoritaire. Il voulait un pouvoir fort. Il reprochait au roi de la monarchie de Juillet de n'être pas assez roi. La liberté comme il l'entendait, et ce n'est pas comme cela que les libéraux l'entendent, consistait à être défendus contre le désordre par une royauté fortement constituée. Plus le roi sera fort, plus nous serons libres. Il était tout préparé, le cas échéant, à devenir bonapartiste, non par dévouement aux Bonaparte, mais par dévouement à la force. C'est être dupe des mots que de le prendre pour un libéral en politique. Il était indépendant, ce qui est tout autre chose. L'indépendance est une vertu ; le libéralisme est une opinion. Nous disons, nous autres libéraux : *Malo periculosam libertatem.* Mais pour les autoritaires, tout pouvoir est justifié, quelle que soit son origine, pourvu qu'il garantisse l'ordre, ce qui est sa tâche et sa raison d'être.

Michel Chevalier a été doctrinaire en 1838, bonapartiste en 1852. Il n'a jamais été courtisan. Les faveurs lui venaient sans qu'il les cherchât beaucoup. On avait cru utile en 1838 de l'appeler au Conseil d'État, comme conseiller en service extraordinaire avec participation aux débats; on crut utile en 1840 de le réintégrer dans le corps des mines avec le grade d'ingénieur en chef, et de lui donner la chaire de Rossi[1].

1. Il fit sa première leçon au Collège de France le 28 avril 1841. M. Michel Broët, un de ses auditeurs, publia les leçons des deux premières années en 1842-44. Michel Chevalier en donna une seconde édition revue par lui-même, et modifiée sur des points importants en 1855-56. Cette première période de son enseignement se

En 1845, l'année de son mariage[1], il se
présenta dans l'Aveyron comme candidat à la
députation. Comme il était de l'avis du gouvernement, et qu'il le défendait de sa plume
dans le *Journal des Débats*, il réclama et
obtint son appui pour sa candidature. Il fut
député de l'Aveyron et ne le fut pas longtemps. Il se présenta l'année suivante aux
élections générales et ne fut pas réélu. Il
commençait alors sa campagne du libre-
échange, à laquelle ses électeurs étaient re-
belles. Comme je l'ai dit, il n'était pas courtisan. Quel que fût l'avis du roi, quel que fût
l'avis des électeurs, il était, lui, de son propre
avis. Il était tellement de son avis en tout
temps et en toutes choses que, quand il en
changeait, il s'en vantait. Je dirais volontiers

termine en avril 1852. La seconde période dure depuis
le 18 décembre 1866 jusqu'à 1878.

1. Avec la fille de M. Fournier, l'un des grands manufacturiers de l'Hérault (fabrique de draps à Lodève).
La fortune de Michel Chevalier a pour origine la situation que son mariage lui fit dans l'industrie, et non,
comme on l'a dit, ses relations avec le Crédit mobi-
lier.

que sa qualité principale était sa franchise.

Il publia, sous le règne de Louis-Philippe : *Histoire et Description des voies de communication aux États-Unis*, 1840, qui firent suite, dans les *Débats*, aux *Lettres sur l'Amérique du Nord*; *Essai de politique industrielle*, 1843; *l'Isthme de Panama*, 1844. Il était très préoccupé d'augmenter les relations de l'Europe avec l'Amérique. En tout temps, il regarda le monde comme un atelier qu'il était nécessaire d'aménager pour la plus grande commodité des travailleurs, et pour l'accroissement et le perfectionnement de la production. Dans son *Système de la Méditerranée*, où il insistait surtout sur le percement de l'isthme de Suez, il avait déjà, incidemment, parlé du percement de l'isthme de Panama.

La révolution de 1848 proclamait la liberté en politique : en économie politique, elle la supprimait. Elle était deux fois l'ennemie de Michel Chevalier, par la suppression de la monarchie et par les idées de Louis Blanc sur l'organisation du travail. En politique, il se contenta de se ranger ouvertement parmi les vaincus; en économie politique, il combattit Louis Blanc dans le *Journal des Débats* avec la dernière énergie. Il ne publia pas moins de dix-huit lettres, qui parurent ensuite en volume sous ce titre : *Lettres sur l'organisation du travail,* et qui sont un de ses plus beaux ouvrages. « Tout y est beau », dit M. Courtois dans la ferveur de son admiration. Quelques-uns des arguments tombaient sur l'école dont il avait été, dans sa jeunesse, un des apôtres, mais il ne s'en embarrassait pas, étant prêt en toute occasion à dire la vérité telle qu'il la voyait. Ses anciens amis ne le ménageaient pas. Plusieurs d'entre eux, appartenant à l'opinion ultra-libérale, étaient entrés dans le gouvernement de la République. La politique est ce qui divise le plus les hommes. On pardonne plus aisément un crime ou une bassesse qu'une dissidence d'opinion. Il est vrai que cela dure ce que durent les passions humaines, tandis que les dissentiments en matière de morale sont éternels. Louis Blanc effrayait bien un peu ses collègues du gouvernement provisoire ; mais sans accepter ses chimères, et sans être ce qui s'appelle socialistes, ils avaient des ménagements pour le socialisme, et ils regardaient la vieille économie politique comme l'ennemie du monde nouveau qu'ils se croyaient appelés à fonder. Ils ne se contentèrent pas de révoquer Michel Chevalier; ils supprimèrent la chaire qu'il occupait au Collège de France. Quand la République fut culbutée le 2 décembre, il était prêt à accepter la monarchie nouvelle. Il la préférait à l'ancienne, parce qu'elle était encore plus autoritaire. Son adhésion fut complète et éclatante. Elle fut aussi très prompte, ce qui avait, aux yeux du chef de l'État, une grâce particulière. Il s'inscrivit dès le 2 décembre sur le registre de l'Élysée. Il se rendit à Lunel, le 1ᵉʳ octobre 1852, à la tête du conseil général de l'Hérault dont il était président, pour saluer Louis Napoléon au passage, et prononça un discours qui causa un grand scandale parmi les ennemis du coup d'État. Les adhésions qui ne manquent jamais à la force n'avaient pas manqué au Président; mais celle-ci venait d'un professeur au Collège de France, d'un membre de l'Institut, plus que cela, d'un savant illustre. Les économistes, qui arrivaient peu à peu à regarder Michel Chevalier comme leur maître, et qui pour la plupart appartenaient à l'opposition, se sentirent consternés. Il n'hésita pas, à la suite de cette aventure, à reparaître à la Société d'économie politique.

Cette Société se réunit tous les mois en un banquet, à la suite duquel on discute, sans quitter la table, les questions à l'ordre du jour. Une question, sur laquelle il avait des idées particulières, l'y attira. Il fut reçu comme un pestiféré. Ses anciens amis s'éloignèrent de lui; il dîna sans parler aux voisins que le hasard lui avait donnés. Il écouta en silence un premier discours, et quand l'orateur eut fini de parler, il demanda la parole.

Il y eut, dans l'assemblée, un mouvement
d'opposition très marqué, et quelque hésitation dans le bureau. On se résigna cependant. Si la libre discussion disparaissait du
reste de la terre, elle se retrouverait à la
Société d'économie politique. La suite de
ses idées l'amena à parler du Panthéon. Aussitôt on lui cria de toutes parts : L'église
Sainte-Geneviève! l'église Sainte-Geneviève[1]!
Il sourit, pour qu'on vît bien qu'il savait ce qui
se passait, n'y fît pas la moindre allusion dans
ses paroles, continua froidement, s'anima
peu à peu, versa dans sa discussion les
faits, les raisons, les traits d'esprit, et se
retrouva au bout d'un quart d'heure le maître
et l'oracle de la Société comme à ses beaux
jours. Il était alors devenu un gros personnage dans le monde officiel. Il était, depuis
1851, membre de l'Académie des sciences
morales et politiques où il avait remplacé le

---

1. L'empereur, qui voulait gagner le clergé catholique,
avait débaptisé le Panthéon, et y avait établi une collé-
giale sous le vocable de Sainte-Geneviève.

vénérable M. Villermé ; on lui avait, comme je l'ai rappelé, rendu sa chaire au Collège de France et son grade d'ingénieur en chef. Il fut appelé en même temps aux fonctions de conseiller d'État en service ordinaire. Il ne fut nommé sénateur que le 16 mars 1860. A la suite de cette séance de la Société d'économie politique, il reprit tout naturellement sa place parmi ceux qui cultivaient la même science que lui.

Il faut dire qu'il n'était pas dans la politique militante. Il était rallié à l'Empire, parce qu'il n'avait eu aucun effort à faire pour cela ; il n'était pas de la secte bonapartiste. Il allait à la cour dans les occasions, en sa qualité de sénateur ; il n'en faisait pas partie. Il était discipliné ; il n'était pas enrégimenté. Il resta jusqu'à la fin maître de son vote. Il faut lui tenir compte d'un fait, c'est qu'en 1870, seul de tout le Sénat, il vota contre la guerre. Il n'aurait pas eu de peine, s'il l'avait voulu, à se frayer un chemin au pouvoir. Un vote complaisant dans l'occasion et quelques courbettes lui auraient suffi. Il aima mieux voter librement, et continuer son enseignement au Collège de France et dans la presse. Il n'accepta que des besognes d'économiste. Il fut rapporteur de la section française à l'exposition de Londres en 1862, rapporteur général de l'exposition universelle en 1867.

Son activité ne fut pas moindre sous l'Empire que sous la monarchie de Juillet ; mais il la concentra presque tout entière sur la question du libre-échange. Ses articles, ses livres, ses discours n'eurent plus que cet objet. Cobden et Michel Chevalier sont les fondateurs de la politique du libre-échange. Cobden l'a fondée et Michel Chevalier l'a introduite en France au prix de grands efforts et par une habile diplomatie.

Ce grand apôtre de la liberté des échanges n'était pas, au commencement de sa carrière, ennemi de l'intervention de l'État dans la direction de l'industrie et du commerce. Or, si l'État intervient pour réglementer, il interviendra pour protéger. Toute intervention est protection, soit qu'on protège le consommateur contre l'industrie, ou l'industrie dans l'un de ses deux facteurs, qui sont l'ouvrier et le patron, contre le consommateur. Il insistait beaucoup, dans ses *Lettres sur l'Amérique du Nord*, sur la taxe du pain, qu'il regardait comme favorable au bon marché, et protectrice de l'alimentation du pauvre, et sur le contrôle des marchandises à la sortie, nécessaire, disait-il, à la sauvegarde de notre honneur commercial. Dans les premières années de son enseignement, il fit une campagne contre la concurrence illimitée. J'ajoute pourtant que, même alors, il s'élevait contre les taxes excessives qui paralysent l'industrie. Ce ne fut qu'à la longue, en écoutant ce qui s'enseignait en Angleterre et en se rassurant sur l'avenir de l'industrie française par le spectacle de ses progrès, qu'il en vint à soutenir que les moyens employés pour défendre le travail national avaient pour effet de restreindre le dévelop-

pement du travail universel et même le développement du travail national, car sous prétexte de le protéger on l'étouffe.

C'est seulement en 1855, si l'on en croit
l'auteur d'une excellente biographie de Michel
Chevalier, M. Courtois, secrétaire perpétuel
de la Société d'économie politique de Paris,
que sa conviction libre-échangiste se trouva
complètement formée. Il le déclara aussitôt,
avec sa franchise ordinaire, et quoiqu'il dût
lui en coûter son siège à la Chambre. Sa
conversion était au moins très avancée depuis
1852, puisqu'il publia à cette date l'*Examen
du système commercial connu sous le nom de
Système protecteur*. M. Courtois regarde son
adhésion au libre-échange comme une rupture formelle avec le saint-simonisme. Je
n'en sais rien. En pratique, les saint-simoniens, autoritaires en toutes choses, faisaient
gouverner le travail et le commerce par le
pouvoir central; mais la maxime : « A chacun selon sa capacité, à chaque capacité selon
ses œuvres, » s'accorde mieux avec la liberté

du travail qu'avec le travail réglementé. Je suis tenté de dire que Michel Chevalier abandonnait la pratique des saint-simoniens et se rapprochait de leur doctrine.

On a écrit plusieurs fois l'histoire des traités de commerce de 1860. On ne sait pas généralement que Michel Chevalier l'a écrite lui-même, ou du moins qu'il en a écrit un sommaire. Ce sommaire, publié d'abord dans le *Panthéon des illustrations françaises du* XIX° *siècle*, a été tiré ensuite en brochure à un très petit nombre d'exemplaires, et n'a été distribué qu'à quelques amis. Il était précédé d'une sorte d'introduction par Émile de Girardin, grand partisan du libre-échange[1].

Michel Chevalier, dans cette nouvelle campagne, rencontra de grands adversaires et peu d'adhérents, jusqu'à l'Exposition de 1855. A dater de cette Exposition, les esprits

[1]. Cette brochure contient en outre une lettre de Cobden à Michel Chevalier, et une lettre de Napoléon III. Le texte de Michel Chevalier et celui de Cobden sont gravés d'après leur écriture manuscrite. Paris, 1865, chez Enoch père et fils, 24, rue de Béranger.

éclairés comprirent que notre éducation industrielle était faite, et que nos produits pouvaient soutenir la concurrence, à tous les points de vue, avec les produits étrangers. Dès lors, pourquoi maintenir une taxe qui n'était plus qu'un impôt prélevé sur le consommateur français? Le raisonnement est sans réplique; mais on ne placerait pas la doctrine du libre-échange sur sa véritable base, en la fondant sur l'inutilité pratique des tarifs protecteurs. La suppression des tarifs ainsi motivée dépendrait des mouvements de l'industrie. On les supprimerait quand ils seraient inutiles, et on les rétablirait quand un recul de notre industrie, ou un progrès de nos concurrents rendrait ce rétablissement opportun. Ce n'est pas là la doctrine du libre-échange.

Le principe de la liberté des échanges est l'application du principe plus général de la liberté du travail. Les saint-simoniens ne veulent un gouvernement fort que parce qu'ils veulent un atelier libre. Ils attendent tout du travail humain; ils veulent aplanir la route devant lui et faire en sorte qu'il ne rencontre ni l'obstacle des lois, ni celui du désordre. Ils arment le gouvernement contre le désordre; et dans le même esprit ils le désarment complètement contre le travail, qu'ils affranchissent des règlements dans sa production, et des tarifs dans ses échanges. Personne ne montra avec plus de force, et surtout avec plus de persévérance, que Michel Chevalier la justice, l'utilité, la nécessité de cette émancipation absolue du travail. Nous étions, en 1855, les égaux de nos anciens rivaux : ce n'était là qu'un accident. Il est contre l'intérêt de l'atelier universel, et même contre l'intérêt de l'atelier national, d'entretenir, à l'aide de tarifs protecteurs, une production défectueuse, qui cause d'un côté une déperdition de la force, et de l'autre, une surélévation abusive du prix de revient des consommations. Si par exemple la France est inférieure à l'Angleterre pour les filés, égale pour les tissus, et supérieure pour les impressions, son intérêt est de s'approvisionner de fils en Angleterre pour augmenter la force de ses tissages, et d'admettre en franchise les tissus que l'Angleterre lui présentera pour être imprimés dans les ateliers français. Le libre-échange ne profite pas seulement, comme on ne cesse de le répéter, aux consommateurs : il profite au producteur. Telle est la doctrine de Michel Chevalier, et de l'immense majorité des économistes.

Mais ce n'est pas ici une de ces théories sur lesquelles on a le temps de disputer longuement avant d'arriver aux applications. Il s'agit des tarifs de douanes, c'est-à-dire d'un intérêt urgent, considérable, immédiat, d'où dépendent d'un côté la vie des manufactures, et de l'autre, celle des populations. Nos industriels menacés firent entendre leurs doléances, en ayant soin de cacher qu'ils n'étaient en péril que par leur faute. Nous avions des filatures qui donnaient des dividendes superbes, grâce aux tarifs, et qui, les tarifs supprimés, allaient être obligées de suspendre leur fabrication. Nos tissages étaient moins compromis; mais si, parmi nos tisseurs, quelques-uns avaient eu l'habileté de renoncer aux anciennes machines et de suivre les progrès réalisés par la science moderne, d'autres s'étaient endormis dans la routine, qui est le fruit naturel de la protection. Il leur faudrait, le jour même de l'abolition des tarifs, se débarrasser de tout leur matériel, et en acquérir un nouveau, en dépensant beaucoup de temps et beaucoup d'argent.

Autre péril pour nous: nos concurrents avaient commis une faute, qui menaçait de les ruiner, si les droits étaient maintenus, et de nous ruiner, s'ils étaient abolis. Ils s'étaient livrés à une production exagérée, et leurs magasins étaient encombrés de marchandises dont ils ne trouvaient pas le placement. Tout changeait pour eux, dès que nos frontières leur étaient ouvertes; ils inondaient nos places avec leur trop-plein, détournaient le marché à leur profit, et paralysaient pour longtemps notre production.

On essayait même d'inquiéter l'agriculture. L'Amérique, l'Asie pouvaient jeter dans nos ports des troupeaux, des ballots de laine, des cotons, des céréales. Les transports étaient de plus en plus rapides et à bon marché. La main-d'œuvre, dans ces deux parties du monde, est pour rien. Chez nous, elle s'accroît tous les jours, par l'effet naturel du renchérissement des denrées, par la recherche croissante, et d'ailleurs heureuse, du comfort, et par le progrès de la législation, qui a cessé de proscrire les coalitions comme un crime. Si la vie devient difficile dans un coin de l'Europe, c'est aussitôt la guerre; si la crise se produit en Amérique, c'est seulement, comme conséquence, l'émigration dans des terrains fertiles. Ici, un temps d'arrêt, là, un accroissement de l'atelier et de la production. Le cultivateur américain vend ses produits en Europe à des prix qui sont rémunérateurs pour lui, mais ruineux pour le cultivateur français, puisqu'ils ne sont pas l'équivalent de ses déboursés.

Quand vous aurez aboli les tarifs, la viande et le pain seront à meilleur marché ; mais on n'aura pas d'argent pour en acheter, car le travail national sera interrompu ; nos champs resteront en friche ; nos manufactures tomberont en ruines ; la première guerre maritime, en supprimant les arrivées, nous condamnera à la famine. Nous serons comme une ville assiégée, qui n'aurait ni sources naturelles, ni puits artésiens. Le libre-échange, c'est l'industrie livrée à l'Angleterre, l'agriculture sacrifiée à l'Amérique. Tels étaient les arguments de part et d'autre.

La lutte entre libre-échangistes et protectionnistes n'était d'ailleurs pas égale. Les protectionnistes qui, pendant tout le règne de Louis-Philippe, avaient tenu le haut rang dans le monde officiel et dans le Parlement, exerçaient encore une grande influence par leurs emplois et leur fortune. Ils combattaient pour la vie, car il ne s'agissait pas seulement d'une diminution de revenus. Si la nouvelle doctrine triomphait, ils n'envisageaient que la ruine, ruine pour eux, ruine pour la patrie. Les libre-échangistes au contraire n'étaient poussés que par leurs convictions, sans aucun intérêt personnel dans la lutte. Les premiers écrits de Michel Chevalier, député de l'Aveyron, en 1846, sur la liberté commerciale, eurent pour effet de le faire échouer aux élections de l'année suivante.

Le libre-échange ne faisait pas de progrès dans le monde officiel; il n'en faisait pas non plus dans le public. On le considérait comme un paradoxe, dont s'amusaient des gens d'esprit et dont s'étaient infatués les économistes. Frédéric Bastiat avait écrit quelques brochures étincelantes de verve; mais il n'avait pas la popularité, quoiqu'il eût toutes les qualités qui la donnent. Ses écrits ne sortaient pas du cercle de sa petite école, dont ils faisaient les délices. Michel Chevalier et lui s'associèrent pour fonder une *Ligue du libre-échange* sur le modèle de l'*Anti Corn*

Laws League. Cette tentative n'eut aucun succès. La Chambre des députés rejeta dédaigneusement une proposition dont elle fut saisie, et qui ne réussit pas même à attirer l'attention. C'est après le succès de l'industrie française à l'exposition de 1855 que Michel Chevalier, désespérant de gagner la bataille en rase campagne, résolut de recourir aux habiletés de la diplomatie.

Il n'y avait pas à compter sur l'initiative du Corps législatif, ni même sur son obéissance dans une question où il y allait des intérêts privés d'un si grand nombre de ses membres; mais la constitution donnait à l'empereur le droit de signer des traités de commerce sans en référer aux Chambres : c'est de ce côté qu'il fallait agir. L'abaissement direct des tarifs, avec une déclaration de principes qui en eût avec le temps amené la suppression, aurait été une marche plus ouverte, plus franche, et surtout plus sûre: mais puisqu'il y fallait renoncer, c'était gagner un grand point que de diminuer les tarifs dans une proportion notable par voie de convention internationale. Il s'agissait donc de faire le siège de l'empereur qui avait suivi en 1846 les conférences de l'*Anti Corn Laws League* et dont les tendances ne paraissaient pas défavorables. Michel Chevalier n'était pas en mesure d'aborder la question avec lui. C'était une de ces rares occasions où l'on regrette de ne pas être courtisan. Quand même il eût été familier avec l'empereur, l'affaire était trop sérieuse pour que l'éloquence et l'ascendant d'un particulier pussent suffire. Il pensa qu'il fallait amener les hommes d'État anglais à désirer cette mesure et à en faire la proposition, non aux ministres, mais à leur maître, qui aurait plus de décision et de fermeté qu'eux.

Il était déjà en relations avec Cobden, qui avait gagné la première bataille en Angleterre, et qui était un grand manieur d'hommes, à la fois aimable et obstiné. Il savait que Cobden voulait procéder par l'action unilatérale; mais il ne désespéra pas de le ramener au traité de commerce en lui démontrant que cela seul était praticable, dans la situation politique de la France. Il fallait commencer très secrètement, car, au premier bruit répandu, tous les protectionnistes accourraient et barreraient le chemin. On pouvait encore en 1859 essayer de garder un secret, ce qui aujourd'hui nous paraîtrait la plus extravagante des chimères. Justement Michel Chevalier était appelé à Bradford pour présider le congrès international des poids et mesures. Toute l'école de Manchester s'y trouva, Cobden, John Bright, Benjamin Smith. Michel Chevalier y fit merveilles. Cobden, comme il s'y attendait, fut le plus difficile à convaincre ; mais une fois gagné à cette entreprise, il y porta cette activité prudente et incessante, qui n'employait que les moyens vraiment utiles et parmi ceux-là n'en oubliait aucun. Ils gagnèrent le chef du ministère whig, lord Palmerston, par la perspective d'un service rendu au commerce anglais et d'une alliance plus intime avec la France. M. Gladstone était favorable. Tout était prêt de l'autre côté du détroit. Restait à faire le siège de l'empereur. Lord Palmerston lui-même comprenait qu'aucune proposition ne pouvait être utilement faite avant qu'on eût disposé son esprit, et il tomba d'accord que Cobden était l'homme désigné pour cet office.

Michel Chevalier le ramena en France. Les deux conspirateurs ne commirent pas la faute d'y venir ensemble; c'eût été mettre l'ennemi en éveil. Ils vinrent par des chemins séparés. L'empereur accueillait les étrangers de marque. Il reçut d'autant mieux celui-ci, qu'il l'avait connu et fréquenté à Londres. Cobden aborda carrément la question, demanda des entretiens pour la traiter à fond, et introduisit aisément dans ces conférences secrètes son confédéré. Michel Chevalier connaissait bien l'empereur; Cobden le devinait. Ils étaient l'un et l'autre bourrés de faits, qu'ils groupaient avec un art infini. L'empereur n'était pas un de ces politiciens à court terme qui ne voient que l'heure présente ; il aimait à prévoir l'avenir. Il envisageait avec sang-froid une aventure. Il se laissa séduire par celle-ci. Cobden lui rappela la statue élevée à Robert Peel. « On a placé cette inscription sur le piédestal : il améliora le sort des classes laborieuses et souffrantes par l'abaissement du prix des denrées de première nécessité. — C'est la récompense que j'envie le plus », répondit l'empereur[1]. Son parti fut pris au bout de quelques semaines. C'était le ciel ouvert pour Cobden et Michel Chevalier, qui voulaient frapper le grand coup sans différer.

Il ne l'entendit pas ainsi. Il était tout-puissant, par la constitution d'abord, et ensuite par la faiblesse des hommes. Mais il sentait de la résistance sur ce point, et ne voulut se déclarer que quand toutes les précautions seraient prises pour assurer le suc-

1. Alph. Courtois, *Notice sur la vie et les travaux de Michel Chevalier*, p. 20.

cès. Il voulut peut-être se donner le plaisir de conspirer encore une fois. C'était son plus grand talent. Il donna ses ordres à Baroche, qui faisait l'intérim des affaires étrangères, et à Rouher, ministre du commerce. Lord Palmerston choisit pour négociateurs lord Cowley et Cobden. Persigny, notre ambassadeur à Londres, était dans le secret, et il avait aidé Michel Chevalier et Cobden à convaincre le chef du cabinet britannique. Tout fut examiné et réglé dans le plus grand mystère par ces négociateurs de premier ordre. Le moment venu, l'empereur lança sa déclaration du 5 janvier 1860 sous forme de lettre au ministre d'État. Elle éclata comme un coup de foudre.

Les protectionnistes se sentirent battus. Le public hésita. La question était nouvelle pour lui. D'un côté, on lui promettait abondance de produits et diminution de prix; de l'autre, on parlait de la fermeture des ateliers. L'impression fut plutôt favorable dans les masses; les classes privilégiées se montrèrent plutôt hostiles. Les libéraux de l'opposition, qui étaient pour la plupart libre-échangistes, se déclarèrent partisans du principe, tout en critiquant avec amertume une forme de procéder qui faisait dépendre les fortunes privées de la volonté d'un maître.

L'important était d'achever sans délai la besogne commencée. Les protectionnistes étaient déjà à l'œuvre pour remplacer les prohibitions par des droits tellement élevés qu'ils auraient équivalu à la prohibition elle-même, et pour provoquer sur toute l'échelle la surélévation des tarifs. Rouher déjoua leurs espérances avec autant d'habileté que de fermeté. Le traité avait été signé le 23 janvier 1860. Les deux conventions contenant les tarifs sont du 12 octobre et du 16 novembre. Elles furent suivies à bref délai des autres traités : la Belgique, 1861, le Zollverein, 1862, l'Italie, 1863, la Suisse, 1864, la Suède et la Norvège, les villes libres de Brême, Hambourg et Lubeck, les grands-duchés de Mecklenbourg-Schwerin et Mecklenbourg Strelitz, les Pays-Bas, 1865, le Portugal, l'Autriche, 1866, les États pontificaux 1867.

Michel Chevalier avait la plus grande part dans ce résultat. On peut juger diversement la doctrine du libre-échange. La France, dans sa grande majorité, y applaudissait sous l'Empire. Je crois qu'à l'heure présente, c'est la tendance inverse qui domine, grâce à la crise qui s'est abattue sur toute l'Europe. Il y a si peu d'hommes capables de préférer la raison à l'intérêt, et de sacrifier l'intérêt présent, l'intérêt du quart d'heure, à l'utilité éloignée, mais durable! Les savants, ceux qui lisent d'autres livres que leurs livres de comptes, applaudirent unanimement. Michel Chevalier se trouva fort grandi dans le monde économique. Aucun maître avant lui n'avait frappé un si grand coup. Il fut très populaire en Angleterre. Quand il y retourna, en 1875, pour participer aux travaux de préparation du canal sous-marin, il fut acclamé. La Société royale lui décerna la grande médaille décennale pour services rendus à la science, qui lui fut remise par le prince de Galles.

Ce n'était pas le libre-échange, puisqu'il restait des tarifs de douane. Le nom même du libre-échange n'était prononcé nulle part dans le préambule des traités. Ce n'en était pas moins un grand et décisif acheminement vers le libre-échange par l'abolition des prohibitions et la diminution des taxes. Le discours de l'empereur, prononcé le 1er mars 1860, fut plus explicite. En 1862, le gouvernement adhéra ouvertement au principe de la liberté des échanges, par deux discours officiels, l'un de Rouher, prononcé au concours de Poissy, l'autre du prince Napoléon, à l'ouverture de l'exposition internationale dont il était président.

L'ancien régime, qui mettait partout le privilège à la place du droit, avait partagé l'humanité en deux classes : ceux qui étaient protégés et ceux qui ne l'étaient pas. Les ouvriers affiliés à la corporation avaient le droit ou, pour mieux dire, le privilège de faire un certain travail interdit à tous les autres; les habitants d'une contrée avaient le droit ou plutôt le privilège de fabriquer et de vendre un produit déterminé. Il y avait à la porte des villes et des plus petites paroisses des barrières pour le péage; et il y avait aussi des barrières à la frontière de toutes les provinces, ce qui n'empêchait pas l'État d'exercer ses privilèges et de prélever sa part sur le prix des marchandises sous forme d'impôt ou sous forme de douanes. Quand la corporation, la ville, la province et la douane avaient touché leur préciput, il fallait encore payer la dîme du curé, l'impôt seigneurial et l'impôt royal. Outre que la condition du consommateur devenait intolérable et que les pauvres ne pouvaient se procurer ni des aliments en quantité suffisante ni les objets manufacturés de première nécessité, les lieux de production mal choisis et le privilège substitué à la capacité dans la désignation des chefs d'industrie et des artisans avaient pour conséquence une fabrication défectueuse. Ce fut un des éclatants services de la révolution économique commencée par Louis XVI et achevée par la Constituante d'avoir détruit les douanes intérieures et les privilèges des corporations. Nous devons à cette abolition d'entraves surannées l'essor magnifique du commerce et de l'industrie, et l'avènement des classes pauvres à une vie relativement aisée et confortable.

Il est très curieux de lire aujourd'hui les plaintes exhalées contre ces utiles réformes par ceux qu'on appelait et qu'on appelle encore des esprits sages, et de constater que les protectionnistes répètent contre le libre-échange les injures qu'on prodiguait à Turgot il y a un siècle. C'est que nous faisons la même œuvre que lui sur une autre échelle. Nous voulons renverser les barrières qu'il avait seulement reculées.

Nous croyons qu'on fait tort à l'humanité et à chacun de ses membres toutes les fois qu'on interdit le travail à un ouvrier de bonne volonté. L'injustice est encore plus criante si cet ouvrier a une capacité exceptionnelle.

La nature a destiné ce peuple à ce travail; elle lui a donné la matière première en abondance et en quantité supérieure; elle a disposé les voies de communication, les pentes, les cours d'eau, la mer, pour que la matière première arrive commodément à l'atelier, et que la marchandise fabriquée soit dirigée sur les comptoirs de vente; elle a doué les habitants d'une aptitude spéciale pour ce genre de travail. Si vous suivez ces indications, vous allez fournir un aliment aux besoins et aux plaisirs d'un grand nombre d'hommes, et produire en même temps une accumulation de richesses qui fécondera d'autres industries. Mais l'homme, acharné contre lui-même, oppose à la généreuse prodigalité de la nature ses lois malfaisantes. Comme cette production de richesse n'est pas faite par nous sur notre sol, nous n'entendons pas que nos nationaux en profitent. Nous les excluons de ce beau progrès; nous

les privons de cette abondance. La loi ferme
nos portes à l'écoulement de ces marchandises; elle nous défend de nous approvisionner de ces objets si agréables, qu'on nous
offre à si bas prix. Elle s'arrangera, s'il est
absolument impossible de se passer de produits analogues, pour que nous en fabri-
quions chez nous. Tout nous manque pour
cela; la matière première, le combustible: on
les fera venir à grands frais; le goût, l'habileté: on se vaincra, on se formera. On se
contentera de produits défectueux; on les
paiera au delà de leur valeur. Comme on ne
peut contraindre personne à fabriquer à perte,
on indemnisera ces producteurs condamnés
à l'infériorité, et qui cesseront d'être des
industriels pour devenir des préposés à une
fabrication d'État. Le consommateur sera
deux fois rançonné, par le prix qu'il paiera, et
par l'indemnité à laquelle il contribuera. Le
non-consommateur, qui ne peut plus acheter
l'objet, parce qu'il coûte trop cher, contribuera néanmoins à indemniser ce fabricant

à contre sens et à contre nature qui le prive d'un objet nécessaire ou commode. Il le paie littéralement pour le mal qu'il lui fait. Hélas! les bras et l'intelligence si mal employés nous seraient nécessaires ailleurs pour l'ouvrage auquel nous destinaient nos aptitudes, la nature de notre sol et de notre climat, et notre situation géographique.

Le temps viendra, il approche, où nous nous souviendrons que nous sommes tous assis à la même table, que nous sommes les ouvriers de l'atelier universel, que la prospérité de chacun, quand elle est avouée par les lois de la nature, produit la prospérité commune, et que la paix du monde sera précaire tant qu'il existera quelque part un tarif de douane. Nous n'avons pas besoin de prêcher la doctrine du libre-échange. La vapeur, l'électricité, la science en répandent partout les bienfaits. Les déclamations s'usent, les lois restrictives tombent. L'espace et le temps sont vaincus. Les barrières cessent d'être odieuses, elles ne sont plus que ridicules.

Les princes se sont mis à voyager, et les populations les acclament parce qu'elles voient dans ces visites fréquemment renouvelées un commencement d'assimilation entre les peuples; mais avec quel respect et quels transports n'accueillent-elles pas sur tous les points du globe les inventeurs, les savants, les manieurs d'idées, les messagers de la paix, les précurseurs, les grands hommes dont la puissance souveraine s'élève, au nom du droit de l'humanité, sur les débris du particularisme, de la routine et du privilège!

Émile de Girardin, dans son introduction à l'éloge de Cobden par Michel Chevalier, caractérise ainsi ce qu'il appelle le monde économique, c'est-à-dire le monde organisé d'après la doctrine du libre-échange : « Le monde économique, c'est le monde transformé; c'est la paix succédant à la guerre; c'est la science détrônant la force; c'est l'esprit de réciprocité remplaçant l'esprit de rivalité; c'est la liberté des échanges abaissant de toutes parts la hauteur des barrières;

c'est l'unité de lois et d'usages, de monnaies, de poids et de mesures simplifiant tous les rapports des peuples entre eux ; c'est la neutralité universelle des mers ; c'est l'abolition du servage et de l'esclavage sur tous les points du globe ; c'est la rédemption de l'homme par le travail. »

Michel Chevalier ne joua plus de rôle politique après 1870. Il se consacra exclusivement à ses travaux économiques. Il combattit avec force l'impôt sur les matières premières proposé par M. Thiers. Six ans plus tard, après une maladie qui avait mis ses jours en péril, il écrivait à M. Ducrocq : « Ma santé qui avait été ébranlée est remise, et je compte bien faire des efforts pour que les traités nouveaux de commerce soient par rapport au traité de 1860 (dont je ne peux pas dire de mal, puisque j'en suis en partie l'auteur), ce que ce traité de 1860 fut par rapport au régime antérieur [1]. » Il fut toujours

----

1. Le 29 octobre 1877.

vaillant et toujours jeune pour tout ce qui touchait à la liberté commerciale.

Il ne protesta pas contre l'établissement de la troisième République. J'ai entre les mains une lettre de lui, datée du 25 mars 1873, dont voici le principal passage :

« Il est aujourd'hui opportun et nécessaire de prendre un parti relativement au nom du gouvernement. Il faut se résoudre à dire : *Nous sommes en République;* et comme disent les Anglais, *to make the best of it,* très franchement. Je pense qu'après Sedan, le mieux eût été, au lieu de renverser l'empire, de le garder pour faire la paix en toute hâte. Tel autre croit qu'au 15 février 1871, à Bordeaux, il eût été excellent de proclamer roi le comte de Paris. D'autres sont d'avis que c'eût été un bonheur, il y a trois ou quatre semaines, que le comte de Chambord, répondant aux avances qu'on lui faisait, se mît en mesure de reprendre la couronne. Mais aujourd'hui toutes ces variantes du thème monarchique sont usées. Il n'y a plus à y revenir. La royauté de la branche aînée et celle de la cadette sont des mythes insaisissables relégués dans le royaume des ombres. Le gouvernement à organiser est le gouvernement républicain. Remarquez que c'est déjà l'étiquette officielle. Le jour où il a été réglé que le chef de l'État s'appellerait *le Président de la République,* le coup a été fait. La masse du public l'a compris ainsi. Toute tentative qui tendrait à remonter le courant qui est de plus en plus prononcé, avortera[1]. »

On peut dire que toute la vie de Michel Chevalier s'est passée à glorifier théoriquement le travail et à pratiquer sa théorie. Dans son extrême jeunesse, il s'associe à une école qui veut restaurer en les rajeunissant les institutions anciennes, la religion, la royauté, l'aristocratie. Elle ne s'entend pas à la religion ; mais elle s'entend fort bien à la nécessité sociale d'une religion. Elle est indifférente aux maisons royales ; mais elle

1. A M. Warnier.

demande à la royauté d'être en état de remplir son but, c'est-à-dire d'assurer l'ordre : la royauté qui assure le mieux et aux moindres frais l'ordre public, est la royauté la plus légitime. Elle veut une aristocratie, mais l'aristocratie de la capacité et de l'activité ; l'aristocratie intelligente et bienfaisante du travail, non l'aristocratie idiote et malfaisante de la naissance. Saint-Simon proposait déjà à Louis XVI de remplacer l'aristocratie de naissance par une aristocratie industrielle. Cette école envisage le monde comme un vaste atelier, où chaque ouvrier doit travailler au métier qu'il aime le plus, et qu'il sait le mieux. Présider à ce classement et à cette organisation, protéger contre toute agression les travailleurs, les ateliers et les magasins, porter à pied d'œuvre les matières premières et procurer des débouchés aux marchandises, telle est la tâche du pouvoir royal ; plus il est fort, plus il garantit la liberté de l'industriel et de l'ouvrier. L'école, dans ses commencements, à force de verser dans les généralités, admettait la monarchie sans contrepoids. remplaçait la propriété et le mariage, qui sont individualistes, par le collectivisme, et combattait même le patriotisme pour favoriser ses tendances cosmopolites. Elle rentra dans le monde de la raison, après le grand coup qui la frappa en 1832. Elle ne demanda plus l'abolition des frontières politiques, mais l'abolition des frontières commerciales ; elle admit le mariage, mais en réclamant des droits plus amples pour la femme et une éducation plus complète ; elle revint à la propriété transmissible par voie d'héritage, mais en la rendant mobilisable par le crédit ; elle demanda des écoles et particulièrement des écoles techniques ; des banques populaires, des facilités nouvelles pour mobiliser les fonds de terre au moyen des hypothèques. A la doctrine des économies stériles qui achète la tranquillité au prix de l'immobilisation des capitaux et de l'inertie industrielle, elle opposa celle du travail incessant et des capitaux armés en lutte. En un mot, elle proposa de transformer la société humaine par la transformation industrielle du monde.

Saint-Simon, après lui Bazard et Enfantin, plus tard Enfantin tout seul, jouèrent le premier rôle dans l'école saint-simonienne, constituée et agissante ; Michel Chevalier n'y eut que rang de disciple, mais il fut un des premiers disciples, non pas à côté du « Père », mais tout près de lui. Dans l'école se survivant à elle-même, allégée de tout le côté mystique, mêlée à la société française, et conservant néanmoins ses tendances réformatrices, il fut le premier. Enfantin resta toujours le saint-simonien d'avant 1832. Michel Chevalier, les Péreire, d'autres encore, furent les saint-simoniens d'après 1832, fidèles à tout ce qu'il y avait de solide et de puissant dans l'école, débarrassés seulement de la vie en commun, des formules mystiques, remplaçant la destruction violente par la transformation progressive, et respectant les principes fondamentaux de l'ordre social, tout en donnant plus d'élasticité à leurs appli-

cations. Ses compagnons dans cette voie
s'attachèrent surtout à se faire une grande
place dans le monde des affaires; il s'en fit
une dans le monde de la science. Il est le
théoricien des écoles techniques, — en 1840,
quand le ministère Molé fut emporté, il allait
fonder, auprès du Conservatoire des arts et
métiers, une école analogue à l'école lyonnaise de La Martinière; — le théoricien des
banques populaires dont il ne cessa de montrer l'utilité et de provoquer la création; le
théoricien des chemins de fer. Nous n'avions
encore que le chemin de fer de Paris au
Vésinet, obtenu à grand'peine et traité de
joujou ruineux par les habiles, qu'il avait
déjà publié son *Système de la Méditerranée*,
où il proposait d'unir l'Égypte à l'Europe par
des voies ferrées, de percer l'isthme de Suez
et l'isthme de Panama, et d'inaugurer une
dépense de dix-huit milliards, ce qui était,
disait-il, l'unique moyen de remettre l'ordre
et la sécurité dans les finances. Il consentait
à être législateur; il ne consentait pas à se

charger de l'administration des affaires publiques, ayant surtout à cœur de remplir sa mission de professeur ou d'apôtre, par la plume et par la parole : professeur effectif pendant vingt ans au collège de France, professeur pendant un demi-siècle au *Journal des Débats* et à la *Revue des Deux Mondes*. Il n'était pas un orateur habituel du Sénat. Il votait dans les questions politiques avec indépendance, dans le sens gouvernemental cependant, en sa qualité de partisan des gouvernements forts. Il vota seul contre la guerre; il lui était impossible d'hésiter; sa vie était une protestation contre la guerre en faveur du travail. Ce vote n'était pas son opinion du moment; c'était le résumé de toute sa carrière. Il quitta sa chaire pendant plusieurs années, parce que le repos lui était nécessaire, et qu'il faut d'ailleurs renouveler sa provision. Il fut remplacé la première fois par notre confrère M. Baudrillart, aussi savant économiste que moraliste éminent. Il la reprit à soixante ans, et pendant plusieurs années resta sur la brè-

che, plus lumineux que jamais dans son
enseignement. Enfin, à soixante-douze ans,
il remit cette chaire du Collège de France,
qu'il avait illustrée après Rossi, à son gendre
Paul Leroy-Beaulieu, qui devait lui donner
un nouvel éclat. Il était un des plus assidus de
l'Académie et des plus disputeurs. Il ne laissait passer ni une injure de M. Cousin contre
l'économie politique, ni ce qui lui semblait
hérétique dans les doctrines économiques de
Wolowski. L'Académie se souvient encore
des querelles de Wolowski et de Chevalier sur
la question des banques, Wolowski soutenant
la doctrine d'une banque nationale unique,
Chevalier demandant, non pas la liberté,
mais la pluralité des banques d'émission, et
sur la question monétaire, Wolowski voulant
le double étalon, avec rapport fixe, et Michel
Chevalier n'en admettant qu'un seul. Il prit
d'abord l'argent pour étalon; mais les faits
s'élevèrent contre lui avec tant de force qu'il
renonça à cette hérésie, et se rejeta sur l'or,
en continuant de combattre le bimétallisme.

L'étalon unique est plus rationnel; le double étalon est plus commode dans un pays où il est connu, accepté, pratiqué depuis un temps immémorial, et qui a besoin de beaucoup de monnaie d'appoint. Question d'ailleurs très compliquée, parce qu'il faut tenir compte de la quantité d'or et d'argent détenue par chaque pays, soit en lingots, soit en pièces ayant cours, du monnayage, etc. Chevalier n'avait plus la verve légère et brillante de sa jeunesse; mais Wolowski, tout bourré de science et de bonnes intentions, n'avait jamais été ni léger ni éclatant. Le bureau était quelquefois obligé d'intervenir entre les deux combattants et ramenait la paix à la surface.

Michel Chevalier, qui, dans la conversation et dans la vie familière, était plein de bonhomie, retrouvait dans la discussion publique quelque chose de ses allures d'apôtre. Sa manière tranchante et hautaine lui avait coûté cher, autrefois, devant les assises. Wolowski en subissait les derniers éclats. La chance était différente avec Cousin, qui n'avait pas son pareil pour démonter un adversaire. Il avait pourtant un désavantage contre Michel Chevalier. L'économie politique était la seule des matières de l'Académie où il fût ignorant. « Je suis protectionniste, Monsieur, disait-il avec un dédain superbe, parce que je suis patriote. » Les deux adversaires, Wolowski et Chevalier se réunissaient alors contre lui, et quelquefois le vénérable Hippolyte Passy prononçait comme juge du camp quelques graves paroles très attentivement écoutées. Les économistes avaient la science ; ils avaient le nombre ; ils avaient l'autorité. Mais Cousin leur échappait tout à coup et portait la question sur le terrain philosophique, où il éblouissait l'auditoire. Je me souviens de ces belles séances, et de celles de la Société d'économie politique, quand Michel Chevalier y fut revenu. Là, il était au premier rang sans conteste. Il était là, l'auteur du *Système de la Méditerranée*, des *Lettres sur l'Amérique du Nord*, de la *Politique industrielle*, des *Che-*

mins de fer en *Amérique*, de l'*Isthme de Panama*, du livre sur la *Monnaie*, du *Système des banques*; il était surtout le promoteur, l'auteur des traités de 1860; l'un des plus grands apôtres du travail, et l'un des plus grands travailleurs du xix° siècle. — Michel Chevalier est mort au château de Montplaisir, dans l'Hérault, le 28 novembre 1879, à l'âge de soixante-treize ans.

NOTICE HISTORIQUE

SUR LA VIE ET LES TRAVAUX

DE

FUSTEL DE COULANGES

Lue dans la séance publique annuelle de l'Académie des sciences morales
et politiques du 28 novembre 1891.

MESSIEURS,

Nous sommes réunis à Paris, sous la coupole de l'Institut, et très peu d'années nous séparent du xx⁰ siècle. Je viens vous prier de vous abstraire de cette réalité et de vous transporter, par la force de la volonté et de l'imagination, à plus de vingt-cinq siècles en arrière.

L'histoire n'a pas encore commencé. Nous regardons les deux points de l'Europe où seront la Grèce et Rome, mais nous ne voyons que la Grèce avant Homère et Rome

avant Romulus. Point de documents écrits
ni de témoins muets : les ruines mêmes nous
font défaut. Ces générations antiques n'ont
laissé de traces d'elles-mêmes que dans les
souvenirs des hommes venus quelques
siècles après elles. C'est là, c'est dans ces
traditions obscures qu'il faut chercher le
peu que nous pouvons savoir ou deviner. Le
passé ne meurt jamais complètement pour
l'homme. L'homme peut bien l'oublier, mais
il le garde toujours en lui. Il le rappelle et le
raconte par toutes les manifestations de sa
vie, et nos pères revivent en nous à notre
insu.

Si haut que l'on remonte dans le passé de
la race indoue-européenne, dont les populations grecque et italienne sont des branches,
on ne peut trouver une époque où l'homme
n'ait pas cru à une autre vie après celle-ci,
et à un autre monde que celui où nous
vivons. Non que ces générations lointaines
aient conçu l'idée de la création, ni celle
d'un Dieu unique et d'une âme séparée du

corps. Elles n'avaient pas de ces idées raffi-
nées. En déposant dans le tombeau le corps
de son père, le fils croyait fermement que
les liens entre son père et lui étaient changés,
mais non supprimés. Le mort avait des
besoins matériels ; et c'est pour cela qu'on
lui offrait de la nourriture, et que, dans
certains cas, on enterrait avec lui des
esclaves et des animaux domestiques. Il
pouvait protéger ceux qui lui survivaient, ou
leur nuire. Il devenait le dieu de ceux dont
il avait été le chef. La famille était perpétuelle ; le père, pendant sa vie, représentait
les ancêtres ; après sa mort, il s'unissait à
eux pour exercer la même influence qu'eux.
Ainsi chaque famille avait ses dieux, qui
étaient ses ancêtres, sa religion, dont elle
était maîtresse, ses rites conservés en secret,
et son pontife, dans la personne du père ou
de l'aîné, à défaut du père. Ces religions de
famille se modifièrent avec le temps ; elles
changèrent d'aspect sans changer de nature ;
elles eurent entre elles des analogies sans

avoir aucun lien. Le foyer représenta la série des ancêtres ; le feu sacré, entretenu sur le foyer, devint, pour chacun, la divinité présente. Ces religions étaient l'opposé de la religion telle que nous l'entendons aujourd'hui, car la religion rapproche les hommes, et ces religions les isolaient.

Je me reprends : il n'est pas exact de dire qu'elles isolaient les hommes. Elles isolaient les familles, mais elles formaient, dans l'intérieur des familles, un lien serré et sacré. S'éloigner du foyer, le quitter, c'était perdre la communion avec les dieux et les hommes.

Toutes les institutions sortirent de ces croyances. On ne peut comprendre les institutions antiques si on les sépare des croyances qui en furent la source.

Le père était le pontife et, par conséquent, la loi vivante. Il rendait les dieux propices en portant des aliments sur leurs tombeaux. L'ancêtre recevait de ses descendants la série des repas funèbres et leur donnait, en échange, la force nécessaire aux luttes de la vie. Le vivant ne pouvait se passer du mort, ni le mort du vivant. Le feu, qui représentait les ancêtres et qui ne s'éteignait qu'une fois par an pour être immédiatement rallumé, était alimenté par la famille et n'empruntait jamais rien au foyer voisin. Au moment du renouvellement annuel, le soleil fournissait l'étincelle.

Pourquoi le père, à l'exclusion perpétuelle des femmes? La femme avait part au culte domestique; fille, par son père ou par son frère; mariée, par son mari. Mais un moment venait (le mariage) où elle devait abandonner la religion paternelle; elle ne pouvait donc jamais la représenter.

Même quand les religions domestiques firent place à côté d'elles à des religions publiques, ce fut la religion domestique, et non la religion publique, qui consacra le mariage. On passa par le temple, mais pour la pompe, la cérémonie essentielle et constitutive du mariage avait lieu devant le foyer. Le mariage antique comprenait trois parties :

la tradition, le cortège ou la pompe, et la
communion. La pompe n'était que le passage
solennel du premier acte au dernier. On
commençait par la tradition. La fille jusqu'à
ce jour avait honoré les dieux de son père ;
elle était unie à eux par les liens les plus
redoutables. Il fallait qu'elle sortît de cette
religion avant d'entrer dans une autre, et que
le père prononçât cette exclusion par une
formule consacrée. Telle était la force de la
croyance religieuse, que cette fille, en rom-
pant toute relation avec la croyance paternelle, rompait aussi avec la famille. Elle ne
devait plus obéissance à ses ascendants, ni
amitié à ses proches. Elle ne pouvait plus
hériter, ni apporter d'héritage. Le mari la
prenait alors, et, au milieu des réjouissances,
la menait, en passant par le temple, à sa
nouvelle demeure. Il l'y portait plutôt, ou,
du moins, il lui en faisait franchir le seuil en
la portant dans ses bras. Aussitôt il la présentait au foyer auquel désormais elle devait
appartenir. Elle entrait dans la religion de

son mari, sa religion nouvelle. Elle partageait un gâteau avec lui, en présence du foyer. A partir de ce moment, elle n'avait plus pour dieux que ses dieux.

Ainsi la fille quittait la religion des ancêtres; mais l'homme devait la continuer : c'était son premier devoir. L'interruption de la famille, qui aurait entraîné la cessation des repas funèbres, était un sacrilège envers les ancêtres, et un crime commis contre lui-même, contre son propre intérêt, par celui qui ne se mariait pas. Telle fut la force de cette conviction, que si un mariage était stérile par le fait du mari, un frère ou un parent devait se substituer à lui pour que la famille fût continuée ; la femme était tenue de se livrer à cet homme, et l'enfant qui naissait d'eux était considéré comme fils du mari, et continuait son culte. Quand on commença à faire des lois, on ne manqua pas d'en faire une pour punir le célibat.

La naissance d'une fille, qui n'assurait pas la perpétuité des repas funèbres, n'était pas

considérée comme remplissant le but du
mariage. C'est le mâle qui était attendu. Dès
sa naissance, le père, en qualité de pontife
et de juge, déclarait si, oui ou non, il pouvait
être un des anneaux de la chaîne; quelques
jours après, en présence de tous les parents,
il le présentait aux dieux domestiques. Il
était vraiment de la famille après cette initiation, puisqu'il était vraiment de la religion
de la famille.

Il y avait un autre moyen d'échapper aux
funestes effets de la stérilité. C'était l'adoption. Adopter un fils, c'était veiller à la perpétuité de la religion domestique, au salut du
foyer, à la continuation des offrandes funèbres,
au repos des mânes des ancêtres. Le même
homme ne pouvant pas sacrifier à deux
foyers, l'adopté perdait tout lien de parenté
avec son ancienne famille. L'adoption pro-
duisait, au point de vue de la religion et du
droit, les mêmes effets que le mariage d'une
fille. Si l'adopté venait à mourir, son père
naturel n'avait pas le droit de se charger de

ses funérailles et de conduire son convoi.

On ne trouve pas une époque, en Grèce et en Italie, où la terre ait été commune. Le droit de propriété individuelle est contemporain du culte des aïeux. L'idée de propriété a eu chez les différents peuples des origines bien différentes. Les tartares étaient propriétaires de leurs travaux et ne comprenaient pas la propriété du sol. On a dit longtemps des anciens Germains qu'ils étaient propriétaires de la moisson et ne l'étaient pas de la terre[1]. Tout au contraire, en Grèce et en Italie, la propriété de la terre était admise et consacrée, celle des moissons était contestée. Dans beaucoup de villes, les laboureurs mettaient en commun leurs moissons, ou du moins une partie de leurs moissons, et étaient astreints à la consommer ensemble dans des repas publics.

La propriété du sol était comprise parmi les croyances de la religion domestique.

1. *La Cité antique*, livre II, ch. vi. Conf. ci-dessous, pp. 344 sq.

Les ancêtres étaient les dieux de la famille :
non pas seulement les grands ancêtres, mais
les ancêtres quels qu'ils fussent, par le seul
droit de leur rang dans la famille. Ces dieux
voulaient avoir un tombeau où les repas
funèbres leur seraient servis. Ils tenaient à la
perpétuité de la famille parce qu'ils tenaient à
la stabilité du tombeau. On regardait comme
le plus grand des maux d'être privé de sépulture, de ne pas être enseveli dans la sépulture
des siens. Après une victoire navale, les
généraux furent condamnés, quoique victo-
rieux, pour n'avoir pas rapporté les morts, et
les avoir inhumés loin du tombeau familial.
Le tombeau avait dans la maison une place
marquée par les rites, non loin du foyer, qui
n'était pas seulement le foyer des vivants,
qui était le foyer de la famille, celui des
vivants et des morts. Le tombeau, le foyer,
la famille occupaient toujours la même place,
à moins decalamités imprévues. Tous les rites,
toutes les lois avaient pour but de maintenir
cette stabilité. Le tombeau, le foyer, la

maison, le sol qui l'entoure sont la propriété de la famille ; non la propriété du chef qui, aujourd'hui, gouverne la famille, mais de la famille elle-même, de ses membres présents, futurs et passés. Le mot grec qui désigne le foyer, signifie Stabilité. La propriété du tombeau est tellement sacrée que, si la famille vient à se dessaisir du champ qui le contient, il lui est interdit de comprendre dans la vente le tombeau lui-même. Elle conserve, en outre, par une servitude imprescriptible, le droit d'y accéder.

Chaque famille a donc sa religion, son culte et ses dieux paternels ; son tombeau, son foyer, et l'enceinte sacrée qui les entoure. C'est une égale impiété d'exclure du tombeau un membre de la famille, ou d'y enterrer un étranger. L'isolement des familles doit être complété par l'isolement des héritages ; un terrain neutre, consacré par des Termes, les sépare. Même quand les hommes se réunirent pour former des villages ou des cités, la mitoyenneté fut interdite.

Ainsi le tombeau est inaliénable. La maison
et le champ l'étaient aussi presque partout.
Les Grecs et les Italiens des temps antiques
ont à un si haut point le concept de la propriété qu'ils le complètent par l'incessibilité.
C'est la propriété éternelle, antérieure et
supérieure à la volonté humaine, parce
qu'elle est consacrée par la religion domestique.

On finit cependant par permettre au chef
de famille d'aliéner la terre familiale. Ce ne
fut pas sans entourer cet acte de formalités
religieuses. La confiscation resta défendue,
ou ne fut prononcée que comme conséquence
d'un arrêt d'exil. On prononçait contre un
homme l'interdiction de l'eau et du feu, —
de l'eau lustrale, du feu sacré, — c'est-à-dire
qu'on le mettait en dehors de la loi et de sa
propre religion, en dehors des choses divines
et humaines. La loi des douze tables, si
terrible pour le débiteur, livre son corps au
créancier et ne livre pas sa terre.

La succession de la propriété suit les mêmes

règles que la succession de l'autorité. Le chef de la famille est, à ce titre, propriétaire du sol. De là l'exclusion perpétuelle des femmes. Elles sont exclues de la propriété, comme elles le sont de l'autorité et du sacerdoce, et toujours par le même motif. Comme le fils est le continuateur nécessaire du culte, il est l'héritier nécessaire du sol et de la maison. Le sol ne passe pas d'un maître à l'autre ; il est immobile : c'est le maître qui passe.

Quoique la loi des douze tables consacre le droit de tester, il est plus que probable qu'à une époque antérieure ce droit était inconnu. La religion domestique réglait tout : l'autorité, la propriété. La volonté d'un homme ne pouvant modifier les dogmes sacrés. L'autorité et la propriété se transmettaient de mâle en mâle, par ordre de primogéniture. Il en est ainsi chez les Indous, qui sont Aryas, comme les populations de la Grèce et de l'Italie ; les lois de Manou décident que l'aîné étant le continuateur du culte, le chef de la famille et le propriétaire des biens, ses frères vivent sous son autorité, comme ils vivaient sous l'autorité du père. « L'aîné, disaient les anciens Aryas, a été engendré pour l'accomplissement du devoir envers les ancêtres, les autres sont nés de l'amour. » Ces premiers temps sont régis par une logique inexorable. On y trouve à peine la trace des sentiments humains. Sparte, battue à Leuctres, obligea les mères dont les fils avaient péri, à prendre part aux réjouissances. Quand la tendresse commença à se faire écouter, on inventa des ruses pour secourir les filles et les frères puînés. Ces ruses mêmes prouvent l'existence du principe. Le rite primait la volonté. La religion primait la nature.

Les droits du père étaient absolus : il pouvait exclure le fils de la famille, adopter un étranger, répudier sa femme, la punir de mort, elle et ses enfants, user de tous les biens de la famille. Les croyances qui l'investissaient d'un pouvoir si étendu, en traçaient elles-mêmes les limites. S'il chassait son fils,

il s'exposait à l'interruption des repas funèbres. Il ne pouvait adopter un étranger, s'il
avait un fils. Il possédait tous les biens, mais
il ne pouvait les aliéner. La répudiation ne
pouvait se faire qu'à la suite d'un acte religieux, dont l'appareil et les conséquences
étaient redoutables. Quand il prononçait en
qualité de juge, il décidait à la fois du sort
du coupable et, par voie de conséquence, de
son propre sort et de celui de toute la famille.
Le Sénat, voulant extirper de Rome les Bac-
chanales, prononça la peine de mort contre
ceux qui y prendraient part. Le décret fut aisément exécuté à l'égard des citoyens ; mais il
n'en fut pas de même à l'égard des femmes,
qui n'étaient justiciables que de leurs maris.

Il semble que la religion fut toute-puissante
à l'origine de la société humaine, et que la
nature ne reconquit ses droits que difficilement et lentement. La religion, qui unissait
les membres d'une même famille, séparait
profondément les familles l'une de l'autre.
Comme elle était toujours présente dans la

maison, elle y enseignait le devoir pour y maintenir l'autorité ; mais la puissance et l'influence des dieux domestiques n'allaient pas plus loin que les Termes par lesquels étaient marquées les limites de l'héritage ; il y avait au delà de ces limites des dieux et des hommes étrangers. Ces mêmes dieux qui enseignaient à la famille le dévouement, la chasteté, la droiture, l'obéissance à la règle, ne lui montraient au dehors que des ennemis. Les vertus de l'intérieur étaient des actes religieux, des actes de piété : au dehors, il n'y avait que la guerre.

Voilà nos ancêtres des temps antiques, des temps préhistoriques. Qui peut dire à quelle date ces croyances ont régné? Si elles sont en effet primitives, ou si elles avaient succédé, dans la suite des siècles, à des croyances oubliées? Si elles étaient spontanées, ou si elles n'étaient que le souvenir indistinct des civilisations passées? Aujourd'hui qu'on ne se contente plus de remuer la terre pour l'ensemencer, et qu'on en fouille les entrailles dans l'espoir d'y trouver les monuments de la vie antérieure de l'humanité, on a exhumé d'abord des vestiges nombreux des grands siècles qui nous étaient connus; puis on a fait des découvertes qui commencent à créer l'histoire des temps préhistoriques; on a trouvé des merveilles de l'art qui remontent à des siècles où l'on avait cru jusqu'ici que l'art était inconnu. L'histoire est aussi riche de merveilles que les autres sciences; soit qu'on se tourne vers le passé, ce qui est l'histoire, ou qu'on regarde l'aurore des siècles à venir, ce qui est la philosophie de l'histoire, on voit se développer des horizons tellement immenses qu'on se sent envahi à la fois par le désir de connaître et la crainte de manquer du temps nécessaire. On comprend dans une seule et même intuition la grandeur de l'homme et sa petitesse.

Telles furent les premières croyances de l'humanité, et la première constitution de la famille. Cette religion prenait ses dieux dans l'âme humaine. Une autre religion qui peu à

peu se forma, ou qui se forma en même
temps, prit les siens dans la nature physique.
« Si le sentiment de la force vive et de la
conscience qu'il porte en lui avait inspiré à
l'homme la première idée du Divin, la vue
de cette immensité qui l'entoure et qui l'écrase
traça à son sentiment religieux un autre
cours...

» Il vivait sans cesse en présence de la
nature ; les habitudes de la vie civilisée ne
mettaient pas encore un voile entre elle et
lui. Son regard était charmé par ces beautés
ou ébloui par ces grandeurs. Il jouissait de la
lumière, il s'effrayait de la nuit, et quand il
voyait revenir la sainte clarté des cieux, il se
sentait plein de reconnaissance... Il sentait
à tout moment, pour cette puissante nature,
un mélange de vénération, d'amour et de
terreur.

« Il ne savait pas que la terre, le soleil, les
astres sont des parties d'un même corps ; la
pensée ne lui venait pas qu'ils pussent être
gouvernés par un même Être. Au premier

regard qu'il jeta sur le monde extérieur, l'homme se le figura comme une sorte de république confuse où des forces rivales se faisaient la guerre... Il fit de ces forces autant de personnes semblables à la sienne ; il avoua sa dépendance, il les pria et les adora [1]... »

Ce fut une forme nouvelle de l'idée religieuse. Ces deux religions, celle des morts, celle des forces naturelles, ne se confondirent jamais ; elles ne se combattirent pas. Elles durèrent l'une à côté de l'autre aussi longtemps que les sociétés grecque et romaine. La religion des morts restait immuable. Le dogme s'effaçait, disparaissait : ce n'était plus qu'un culte d'habitude qu'aucune foi ne vivifiait ; mais les rites ne subissaient ni transformation ni relâchement. On en avait perdu le sens ; on en gardait le respect. Au contraire, l'autre religion ne cessait de se renouveler et de s'accroître. Les dieux foisonnaient. Le

_____

1. *La Cité antique*, livre III, ch. II.

jour vint où il y eut à Rome presque autant de dieux que de citoyens.

A mesure qu'une famille créait un dieu en dehors d'elle en personnifiant un agent physique de la nature, elle l'ajoutait à ses dieux mêmes comme un nouvel habitant et un nouveau protecteur du foyer. On se disputait la possession et la protection des dieux. Il fallut beaucoup de temps pour que ces dieux sortissent du sein des familles où ils étaient considérés comme un patrimoine sacré. Ils suivirent la fortune des familles qui les avaient adoptés, grandirent ou déclinèrent comme elles, les dieux s'imposant à la croyance des hommes, en même temps que les familles s'imposaient à leur obéissance.

La morale que ces dieux apportaient différait profondément de la morale domestique, puisqu'elle reconnaissait des droits aux étrangers, et imposait des devoirs envers eux. La religion domestique était essentiellement égoïste : ma famille, mes ancêtres, mes dieux, mon foyer, mon culte, mon intérêt après ma mort. La religion des forces de la nature était tout autre : elle enseignait l'hospitalité ; Jupiter était le dieu de l'hospitalité. Ce n'était pas une simple différence ; c'était une contradiction. La religion domestique n'avait pas d'autre pontife que le père, le chef de la famille : il fut aussi chez lui, le pontife des autres dieux ; mais, à côté de lui, il se forma un corps de prêtres : un corps public pour une religion publique. On édifia des temples avec les deniers de l'État. Des lois furent écrites pour protéger le culte public des dieux, et en même temps pour l'imposer. Ce culte se confondait avec la patrie, comme le culte des mânes se confondait avec la famille.

Le monde que je viens de décrire est le monde préhistorique. L'époque dont je parle précède immédiatement celle où les maîtres de notre jeunesse faisaient commencer l'histoire. Pourquoi nos maîtres ne remontaient-ils pas plus haut? Tout dans les monuments les plus lointains supposait des monuments antérieurs que le temps avait détruits. Ces vieux témoins des premiers âges parlaient de traditions anciennes; ils prononçaient le mot d'antiquité; ils étaient évidemment l'écho de civilisations perdues. Il devait être possible de reconstruire ces civilisations par une étude patiente, attentive de ces témoignages. Un jeune homme, formé à cette école normale qui est une pépinière d'hommes, chargé par sa profession d'enseigner, dans la faculté de Strasbourg[1], l'histoire telle qu'elle est généralement conçue, entraîné par une passion secrète vers ce monde inconnu, mais voisin, dont il entendait le bruit au delà de l'histoire, entreprit de le retrouver et, en quelque sorte, de le refaire dans ses mœurs, dans ses croyances, dans ses rites, dans ses lois. Sans système préconçu, en professant même une sorte d'aversion pour les systèmes qui ont toujours pour effet de substituer l'ima-

1. Voir dans la *Revue bleue* du 26 octobre 1889 un article intitulé *M. Fustel de Coulanges à Strasbourg*, par M. JACQUES PARMENTIER.

gination à la découverte, il parvint, en faisant des textes une nomenclature complète, en les étudiant attentivement, en pesant la valeur de chaque terme, en comparant entre eux les témoignages, à retrouver cette page de l'histoire qui en devient, grâce à lui, la première page. Il nous montra nos ancêtres tels qu'ils étaient, éclairant ainsi d'une vive lumière toute la suite des siècles, car le bon commencement, selon l'expression de Platon, est comme une divinité bienfaisante dont l'influence s'étend sur tout ce qui le suit. Cet historien, ce maître est M. Fustel de Coulanges, qui passa six années enseveli dans cette tâche, sans prendre de confident et sans rechercher d'autre renommée que celle d'un professeur laborieux, attaché à ses devoirs. Au bout de six ans, il nous donna la *Cité antique*, dont je viens de résumer la première partie. Il nous racontait ce monde ancien, ce monde nouveau avec tant de puissance et de vie qu'on sentait bien, en le lisant, qu'il ne l'avait pas rêvé, qu'il l'avait vu, qu'il le voyait

pendant qu'il en faisait la description, et
que si on lui en contestait l'ensemble ou
les détails, il en éprouverait à la fois de l'indignation et de l'étonnement. A l'exemple de
Montesquieu, il pouvait dire de son œuvre
qu'elle n'avait pas eu de mère : *prolem sine
matre creatam.*

Après nous avoir montré les familles dans
leur isolement, M. Fustel de Coulanges
expliquait, dans sa seconde partie, comment
elles s'étaient rapprochées pour former la
cité, la tribu, la *gens*, la nation; comment la
religion publique s'était ajoutée à la religion
domestique, et la loi écrite au dogme religieux; il disait ce que furent les rois à l'origine, comment l'aristocratie les remplaça,
comment cette aristocratie, composée des
grands propriétaires et des chefs d'anciennes
familles, céda la place à son tour à la plèbe
agissante, envahissante, qui sut profiter du
pouvoir que donne le nombre, et du pouvoir
nouveau que donnait l'argent; et il expliqua
en même temps que ces détenteurs nouveaux

de l'autorité ne purent en faire un autre usage que de la déposer entre les mains d'un despote qui régna en leur nom, mais qui régna sur eux et sur les autres hommes avec une autorité sans frein. L'avènement du christianisme clôt cette histoire de la cité antique.

L'idée de Dieu, d'un Dieu unique, et l'idée connexe d'une morale étendue à tous les hommes, au lieu d'être réduite aux membres de la famille, avaient été introduites par la philosophie dans le monde païen. Il s'était défendu, comme se défend toujours l'état légal, par des supplices. Les sophistes, que Platon a combattus avec une force comique incomparable, et qui n'en sont pas moins ses précurseurs, ont porté les premiers coups aux religions officielles, et, par une conséquence nécessaire, aux gouvernements officiels. Ils ont remué ce qui, dans la pensée des conservateurs de leur temps, devait rester immobile. Socrate différait surtout des sophistes parce qu'il établissait la religion, ou du moins le principe religieux et la morale générale, au-dessus des religions domestiques et de leur morale égoïste. Tout en rejetant les anciennes croyances, il les traitait avec respect, parce qu'il respectait en elles la famille et la patrie dont elles contenaient l'histoire. La sagesse de son enseignement en faisait le danger. Les prêtres, qui laissaient passer les sophistes, le frappèrent de mort. Il discuta les faits devant ses juges; il ne nia pas le droit. L'État était absolu en matière de religion et d'enseignement. L'idée de la liberté de conscience n'était pas née. Socrate, qui en fut le martyr, ne la connaissait pas. Ses dernières paroles furent une invocation aux dieux de la cité. Ce grand mouvement des sophistes, ce grand procès de Socrate, que celui d'Anaxagore avait précédé, annoncent la fin d'un monde, et le commencement d'un monde nouveau. Le monde nouveau est la société chrétienne.

La transformation est profonde : à la place de la cohue des dieux domestiques et des dieux patriotiques, de l'isolement farouche

des familles et des peuples, et de la conscience humaine gouvernée, opprimée dans
toutes ses manifestations par la religion et
l'État, un Dieu unique, une morale embras-
sant tous les hommes dans les mêmes devoirs
et la même communion, et la part faite, en
dehors de l'État, à la liberté humaine.

La seconde et dernière partie de la *Cité
antique* s'arrête là. Elle est moins originale
que la première; on en trouve les éléments
dans Platon et dans Aristote; mais on sent,
en la lisant, que Fustel de Coulanges n'a pas
simplement appris de ses maîtres dans quel
ordre se succèdent les formes politiques, et
que cette théorie, ou vieille ou nouvelle, lui
appartient en propre, parce qu'il l'a découverte à son tour, après les premiers inventeurs. On sent aussi, ou comprend à merveille que ce n'est pas par voie d'hypothèse, et
par une imagination puissante, qu'il l'a créée.
Il l'a tirée patiemment de l'observation des
faits. La logique la confirme, mais c'est
l'étude impartiale de l'histoire qui l'a fournie.

Le succès du livre fut éclatant. Les poèmes sur l'histoire, écrits par des hommes déjà célèbres, qui, tout en restant historiens pour le fond des choses, donnent carrière à leur imagination pour le côté pittoresque et le côté psychologique, ne font pas sur le public une impression aussi profonde. Les savants furent émerveillés de tant d'érudition et de justesse d'esprit ; et le public crut voir se lever la toile devant un spectacle jusque-là inconnu. L'auteur n'avait pas plus cherché la gloire du peintre que celle du créateur. Son style sobre, correct, précis, tirait toute sa force de son exacte appropriation aux idées qu'il développait et aux scènes qu'il décrivait. On pensa de tous côtés que la France avait un penseur et un écrivain de plus. La fantaisie étant venue à l'impératrice, une noble fantaisie et bien digne du rang qu'elle occupait, de se faire enseigner l'histoire de France, elle demanda un maître à M. Duruy, qui lui désigna Fustel de Coulanges.

Il n'est pas sans intérêt de noter ici que

Michelet avait été choisi pour enseigner
l'histoire à une fille du roi Louis-Philippe.
Ni Michelet, ni Fustel de Coulanges n'étaient
des courtisans. Michelet était républicain ;
Fustel de Coulanges était indépendant. Cette
indépendance absolue et sereine ne l'em-
pêcha pas de réussir. L'impératrice, — et
c'est un nouvel hommage à lui rendre, —
goûta beaucoup les leçons du jeune maître.
L'empereur assista à quelques-unes. La
famille de M. Fustel de Coulanges a dans les
mains les notes étendues qui lui servaient de
thème. Elles font regretter amèrement qu'il
ne les ait pas rédigées et publiées. J'en donnerai seulement ici les titres.

La première leçon traitait de la civilisation
préhistorique en Gaule. Cette étude l'ayant
conduit à montrer l'origine aryenne de la
population gauloise, il consacrait la seconde
leçon à l'histoire de la civilisation primitive
de la race indo-européenne. Puis venait une
leçon sur la Grèce. Il faut se rappeler que,
dans la *Cité antique*, M. Fustel de Coulanges

présente toujours de front la Grèce et l'Italie, ces deux branches de la population aryenne, tout en faisant de nombreuses allusions à la civilisation indoue et des emprunts aux lois de Manou. La quatrième, la cinquième et la sixième leçon traitaient de la conquête et de l'administration de la Gaule par les Romains. La septième leçon, l'une des plus importantes, avait pour objet la formation et l'organisation du régime féodal. Elle nous arrêtera un moment.

Si M. Fustel de Coulanges s'était conformé aux idées reçues, il aurait raconté dans cette leçon la conquête de la Gaule par les Germains, et la reconstruction complète du pays conquis sur le modèle des vainqueurs et à leur profit.

Mais il ne suivait point les sentiers battus. Au lieu de montrer la Gaule deux fois conquise, une première fois par les Romains, une seconde fois par les Germains, et deux fois transformée, M. Fustel de Coulanges soutenait qu'il n'y eut pas de conquête dans le sens absolu du mot, qu'il n'y eut pas de transformation imposée par la force, et que les prétendus vaincus restèrent en possession de leurs biens et de leur rang dans la société. En un mot, il restituait la Gaule aux Gaulois.

Il est certain qu'au temps de César, la Gaule était à la fois civilisée, ce qui lui donnait de la force, et divisée, ce qui lui imposait une faiblesse. L'extrême division de sa population en petits États, la différence de ces États, dont les uns étaient des monarchies et les autres des républiques, l'imperfection des constitutions, qui ne suivaient aucune règle générale, l'hostilité de peuple à peuple ou de province à province, les richesses de certains *primates* qui allaient jusqu'à leur permettre de lever des armées, les défaillances de la justice mal organisée, et en même temps la dureté de son joug, qui s'étendait jusqu'à la conscience et à la vie privée, inspirèrent aux personnages les plus influents le désir d'obtenir la protection des

Romains en se mettant sous leurs lois. C'est un phénomène qui se reproduit souvent dans l'histoire. Tantôt ce sont des particuliers qui se recommandent à un citoyen puissant et achètent la sécurité par une sorte de servage, tantôt c'est un peuple qui, mettant de côté l'amour-propre national, sauve la civilisation aux dépens de l'indépendance. César a vaincu les Gaulois qui s'offraient ou se donnaient. C'est à peine une victoire, parce que c'est à peine une guerre. Il a très réellement vaincu Vercingétorix, parce que Vercingétorix résistait réellement ; mais il n'a réellement vaincu que lui. Il a commencé la conquête de la Gaule avec une force de deux légions très disproportionnée à son entreprise ; il avait des chefs gaulois et des soldats gaulois parmi ses auxiliaires ; les Gaulois, après leur défaite, conservèrent leurs dieux et leurs propriétés ; ils gardèrent de grandes charges dans l'État ; ils rendirent des actions de grâce à César. On se demande s'ils se sont annexés ou soumis, si César les a vaincus ou délivrés. Virgile l'a dit avec une grande précision :

Victorque volentes
Per populos dat jura.

La conquête par les Germains présenta plus tard le même caractère. Les Germains furent appelés par les uns ; ils triomphèrent de l'opposition des autres. Ils firent à la civilisation gauloise de nombreux emprunts. Les institutions féodales ne furent pas pour eux un instrument de règne ; les Gaulois les connaissaient comme eux ; ils en profitèrent comme eux. Un mouvement très analogue à celui qui avait amené la formation de la *gens* chez les Romains groupa les hommes et les intérêts sous des chefs qui donnaient la sécurité et recevaient le dévouement. En dépit des luttes sanglantes que provoquent l'imprévoyance et les passions des hommes, les révolutions sont surtout des évolutions. L'humanité y allait ; la révolution l'y pousse. Elle n'est une révolution que parce tout était prêt pour la recevoir. Il n'y a pas de coups de tonnerre. La force, même triomphante sur les champs de bataille, est vouée à une ruine prochaine quand les institutions qu'elle attaque sont encore vivantes dans les esprits. Telle était l'idée générale de M. Fustel de Coulanges. Il l'a résumée dans les notes de sa septième leçon avec une netteté et une précision admirables. C'était là la grande bataille à laquelle il dévouait sa vie ; il n'est pas étonnant qu'il en ait fait un résumé puissant. Venaient ensuite dans le programme général deux leçons, la huitième et la neuvième, intitulées : « Progrès de la royauté sous saint Louis » ; une leçon sur laquelle il n'a point laissé de notes, et qui est ainsi mentionnée dans ses papiers : « Placer ici un essai de gouvernement par la monarchie avec la représentation nationale. » Enfin, la onzième leçon devait avoir pour sujet Louis XI.

Mais le cours, commencé au milieu de 1870, ne rencontrait plus, depuis la déclaration de guerre, qu'une attention distraite. La pensée du professeur était avec sa chère Alsace; elle était avec la patrie. Et puis, comme la préoccupation de la science ne le quittait jamais, il était possédé par le grand ouvrage sur l'*Histoire des Institutions politiques de l'ancienne France* qu'il regardait comme l'œuvre capitale et le but de sa vie.

Il était alors maître des conférences d'histoire ancienne à l'École normale, comme suppléant de notre confrère, M. Geffroy [1].

1. Je résume ici, d'après l'excellente notice de M. Paul Guiraud, les principaux faits de la biographie de M. Fustel de Coulanges. Né à Paris le 18 mars 1830 d'une famille d'origine bretonne. Élève de l'École normale en 1850. C'est à ce moment que la section et l'agrégation d'histoire furent supprimées. Envoyé en 1853 à l'école d'Athènes. Professeur de seconde au lycée d'Amiens en 1855. Agrégé des lettres en 1857. Transféré à la chaire d'histoire. Docteur en 1858. Professeur la même année au lycée Saint-Louis. Professeur d'histoire, en 1860, à la faculté de Strasbourg. En 1870, suppléant de M. Geffroy à l'École normale dans la chaire d'histoire ancienne. Titulaire en 1872. Leçons à l'impératrice, à partir de juin 1870. Suppléant de M. Geffroy à la Faculté des lettres en 1875. En 1878, une chaire nouvelle d'histoire du moyen âge est créée exprès pour lui à la Sorbonne. Il en prend possession le 1er janvier 1879. Nommé direc-

Le tome Ier des *Institutions de l'ancienne France* parut en 1874. Il publia en 1885 un volume intitulé *Recherches sur quelques problèmes d'histoire*, qui ne fait pas partie du grand ouvrage sur les *Institutions*, mais qui s'y rapporte. Il donna en 1888 la *Monarchie franque* et en 1889 l'*Alleu et le domaine rural pendant la période mérovingienne*. Il travaillait au volume sur le *Bénéfice* quand il mourut. Il avait revu et refondu ses premiers volumes en vue d'une seconde édition ; ils étaient prêts pour la publication sous cette forme nouvelle. Il ne fallait plus que la dernière revision du maître. Quand il vit qu'il ne pourrait pas la faire lui-même, il en chargea M. Camille Jullian, son élève, professeur à la faculté de Bordeaux. M. Jullian a déjà publié, avec une fidélité absolue et un

teur de l'École normale le 17 février 1880, à la mort de Bersot. Il donna en 1882 sa démission, qui fut refusée. Il la réitéra l'année suivante, et cette fois définitivement. Il retourna, pour ne plus les quitter, à son enseignement de la Sorbonne et à ses études. Il mourut le 12 septembre 1889.

soin respectueux, les *Origines du système féodal*, la *Gaule romaine*, l'*Invasion germanique*. Le volume intitulé *Transformations de la Royauté pendant l'époque carlovingienne* est en préparation [1].

1. Nomenclature des œuvres de M. Fustel de Coulanges :

Polybe, ou la Grèce conquise par les Romains, thèse pour le doctorat, 1858.

Quid Vestæ cultus in intitulis veterum privatis publicisque valuerit. Thèse 1858.

La Cité antique, 1864. Cet ouvrage est parvenu à la douzième édition.

Histoire des institutions politiques de l'ancienne France, t. Ier, 1875.

Ce volume comprend quatre livres : I. La conquête romaine. II. L'empire romain. III. L'invasion germanique. IV. Le royaume des Francs.

M. Fustel de Coulanges a repris, étendu et remanié ce volume, savoir : la Conquête romaine et l'Empire romain, dans le volume intitulé *la Gaule romaine*, publié par M. Camille Jullian, 1891; l'Invasion germanique, dans un volume publié par M. Jullian sous ce même titre; et le Royaume des Francs dans deux volumes publiés par M. Fustel lui-même, l'un *la Monarchie franque*, en 1888, et l'autre l'*Alleu*, en 1889.

Le volume publié par M. Jullian en 1890 sous ce titre : *les Origines du système féodal, le bénéfice et le patronat*, devait former le second volume de l'*Histoire des institutions politiques*; mais il en forme le cinquième, mainte-

L'abbé Dubos, avant M. Fustel de Coulanges, avait contesté l'importance de la
conquête germanique. Son ouvrage, qui a
été traité dédaigneusement par Montesquieu,
méritait d'être mieux étudié. Il eut une
certaine vogue, due à son principal défaut

nant que le premier a été remanié de façon à en former
quatre.

Le 6ᵉ volume, intitulé *les Transformations de la Royauté
pendant l'époque carlovingienne*, est en préparation.

Recherches sur quelques problèmes d'histoire, 1885.

Nouvelles Recherches sur quelques problèmes d'histoire.

Il faut ajouter de nombreux articles non reproduits
dans les livres et dont voici les principaux :

Les Institutions militaires de la République romaine
(*Revue des Deux Mondes*, 15 novembre 1870).

Louvois et M. de Bismarck (*Ibid.*, 1ᵉʳ janvier 1871).

L'organisation de la justice dans l'antiquité et les
temps modernes (*Ibid.*, 15 février, 15 mars, 1ᵉʳ août,
1ᵉʳ octobre 1871).

Les libertés communales (*Ibid.*, 1ᵉʳ juillet 1871).

De la Manière d'écrire l'histoire en France et en Allemagne (*Ibid.*, 1ᵉʳ septembre 1872).

Les Institutions politiques au temps de Charlemagne
(*Travaux de l'Acad. des sc. mor.*, t. V et VI).

De la confection des lois au temps des Carlovingiens
(*Revue historique*, 1877).

Les impôts au moyen âge (*Revue des Deux Mondes*,
1ᵉʳ févr. 1878).

Recherches sur le tirage au sort appliqué à la nomi-

plutôt qu'à ses qualités [1]. L'abbé Dubos
l'avait écrit dans la pensée préconçue d'attribuer à la race gauloise la prédominance
dans la formation de notre unité nationale.
Ce n'est là ni la pensée, ni surtout la méthode
de M. Fustel de Coulanges. Sa pensée est
beaucoup plus générale. Il croit qu'on
n'impose pas par la violence une doctrine,
un système, une forme de gouvernement,
des mœurs. Il refuse cette force à la force.

nation des archontes athéniens (*Nouvelle Revue historique
du droit*, 1878).

L'Enseignement supérieur en Allemagne (*Revue des
Deux Mondes*, 1879).

Comment le druidisme a disparu (*Travaux de l'Acad.
des sc. mor.*, t. CXII).

Étude sur la propriété à Sparte (*Ibid.*, t. CXIII et
CXIV).

Étude sur le livre *de migrantibus* de la loi salique
(*Revue générale du Droit*, 1886).

De l'Analyse des textes historiques (*Revue des questions
historiques*, 1887).

La loi dite des Francs Chamaves (*Travaux de l'Acad.
des sc. mor.*, t. CXXVII).

Le Problème des origines de la propriété foncière
(*Revue des questions historiques*, 1889).

1. Thouret, le célèbre constituant, a publié un résumé
des doctrines de l'abbé Dubos.

Elle ne peut que faciliter et précipiter les révolutions ; elle ne peut pas les faire. La Grèce était romaine avant d'être conquise par les Romains, et dans ce cas particulier, on peut ajouter que Rome était en partie devenue grecque. La Gaule aussi était romaine avant d'être une colonie romaine ; et plus tard elle appelait les Germains, non pas pour être modifiée, car elle le fut très peu et elle modifia elle-même ses vainqueurs, mais pour échapper à l'anarchie et aux divisions intestines. Ce qui n'est dans l'abbé Dubos qu'une thèse de vanité nationale correspond dans M. Fustel de Coulanges à une pensée profondément philosophique.

Les deux écrivains diffèrent encore plus par la méthode que par le système.

Les écrivains tels que l'abbé Dubos entreprennent une histoire pour démontrer une théorie ; ils ont beau être de bonne foi, ce sont des avocats et non des juges. Les faits se divisent pour eux en deux classes : les objections et les preuves ; ils affaiblissent

involontairement les objections ; ils insistent
sur les preuves. Ce sont des guides prévenus
et dangereux. Au contraire, les historiens
de l'école de Fustel de Coulanges commencent par étudier les faits, sans parti pris, et
ce sont les faits et eux seuls qui leur dictent
une théorie. Ils la découvrent, ils y sont con-
duits. Ils regarderaient comme une infidélité
de se l'imposer à eux-mêmes, et de l'imposer
aux autres au début de leurs travaux.

C'est surtout sur la transformation de la
méthode dans les études historiques que
Fustel de Coulanges a exercé son influence.
Il le dit lui-même expressément. Il ne tient
pas, dit-il, à ce qu'on pourrait appeler ses
découvertes ; il tient uniquement à la méthode
qui lui a permis de les faire.

Il se trouvait à l'École normale en 1852
quand la réaction, remontant d'un bond aux
traditions de 1827, supprima l'agrégation
d'histoire et remplaça la philosophie par la
logique. Ce qu'on appelait alors « le talent »
et ce qui n'était au fond que la déclamation,

convenait mieux que la science à un peuple
qu'on voulait priver de sa liberté. Il nous
raconte lui-même qu'un de ses professeurs,
fidèle aux nouvelles inspirations qui venaient
de très haut, s'étonnait qu'un élève de l'École,
ayant à traiter des *Établissements* de saint
Louis, voulût commencer par les lire. « Heu-
reusement, dit-il en racontant ces tristes
années, il nous restait la bibliothèque. »
Il s'y confina, tout en se préparant à l'agrégation des lettres qu'il lui fallait subir, puisque l'agrégation d'histoire n'existait plus.

Cette suppression déguisée de l'histoire
par la suppression de l'étude des textes a eu
le résultat qu'ont toujours ces réactions vio-
lentes. Elle a été l'origine de la rénovation
des études historiques, et de ce que l'on
appelle, à présent, l'histoire documentée.

Après avoir manqué pendant une longue
suite de siècles, les documents sont devenus,
presque tout à coup, surabondants. Non seulement les lois, les règlements, les traités de
paix et de commerce sont conservés avec

soin dans les archives, mais les instructions ministérielles, la correspondance des agents subalternes, les mémoires particuliers, les documents statistiques et les actes diplomatiques se multiplient. A mesure que l'on se rapproche des événements contemporains, ces amas d'écritures augmentent dans une telle proportion qu'il faut des volumes entiers de bibliographie pour chaque époque importante. A la fin du siècle passé surgissent deux institutions nouvelles qui, transformant le monde, transforment aussi la situation de ceux qui écrivent l'histoire : ces deux nouveautés sont le parlementarisme et le journalisme. Il est de plus en plus impossible à un député de lire tout ce qu'on lui distribue. On a beau se borner à cela : c'est comme une marée montante dont on est submergé. Que deviendra l'historien, obligé de lire tous ces projets de lois, tous ces amendements, toutes ces enquêtes ; de connaître en outre l'opinion des contemporains, et par conséquent de lire au moins les journaux importants

écrits dans toutes les langues, de juger sur
pièces les controverses que chaque jour voit
naître, et de lire, par surcroît, les histoires
générales et spéciales, les mémoires, les
pamphlets, les confessions, les plaidoiries ?
Sans doute il faudra choisir, puisque la vie et
les forces humaines ont des bornes : mais
combien ce choix est périlleux ! Et même
après les éliminations qu'on aura pu faire,
quel amoncellement et quel travail ! On parle
des bénédictins. Ils étaient moines. Ils
n'avaient à s'occuper d'aucune autre affaire
que de leur affaire. Ils pouvaient trouver
dans leur communauté de nombreux auxiliaires. Ils vivaient dans un temps où le tor-
rent qui menace de nous engloutir n'était pas
encore déchaîné. J'imagine un historien,
ayant le génie des recherches, et poussé par
la passion de connaître la vérité, entrant
pour la première fois dans le dépôt des
Archives nationales, parcourant ensuite les
galeries insondables de la Bibliothèque, et se
disant avec effroi et ravissement qu'il y a de

tous côtés d'autres dépôts, et qu'en dehors
des dépôts officiels, il y a les dépôts inconnus et les archives privées. Il aborde pourtant cette tâche terrible. Il note ce fait, et
puis cet autre qui le contrarie, et cet autre
qui le confirme. Il arrive après des années à
savoir que ce qu'il avait trouvé d'abord est
inexact. Même les plus grands faits, entourés
de la plus grande lumière, qu'on avait crus
au-dessus de toute discussion, changent d'aspect tout à coup pour un papier que personne
n'avait lu, et qu'on tourne négligemment
avant de mettre le livre ou le manuscrit sur
son rayon. Voilà le tourment et le ravissement de l'historien des temps modernes.

Tout autre est la vie de l'historien quand
il étudie les temps reculés. M. Fustel de
Coulanges le savait mieux que personne, lui
qui avait créé l'histoire antérieure à l'histoire.
Il avait aussi approfondi les premiers temps
historiques, et souffert de la disette de documents, dans des siècles où la civilisation était
éclatante, et où les chefs-d'œuvre abondent,

à défaut de preuves. Les plus illustres historiens se contentaient, dans ces temps reculés, de savoir en gros les événements ; ils en construisaient le détail ; ce qui était très humain et très vraisemblable paraissait vrai. Ces beaux discours, dont ils abondent, ont été écrits comme le discours d'Auguste dans *Cinna*. C'est un grand art ; ce n'est pas la science historique. Fustel se défiait de ces chefs-d'œuvre. Il disait de Tacite que son génie lui faisait peur. L'époque qui l'attirait le plus, depuis qu'il avait achevé la *Cité antique*, était cette époque si attachante et si obscure qui va de la conquête des Gaules par Jules César au gouvernement de Louis XI. C'est là que les romanciers de l'histoire se sont donné ample carrière, en confondant partout la légende avec la réalité.

Les historiens de cette époque sont en petit nombre. Fustel dit qu'ils sont nombreux, parce qu'il ne les compare pas à la foule des historiens modernes. Ils manquent totalement de renseignements et d'informations.

Ils manquent encore plus de critique. Ils jugent le passé par le présent, et leurs voisins par eux-mêmes. Les actes authentiques dont ils auraient besoin ne sont pas toujours conservés. Il est rare qu'ils les reproduisent dans leur texte ; on est obligé de se contenter d'analyses dont la fidélité est douteuse. En un mot, selon qu'il remonte ou qu'il descend la suite des siècles, l'historien est placé entre un double martyre : celui de la disette, et celui de l'abondance. Là-bas, il marche dans la nuit, avec deux ou trois points de repère, qu'il faut détailler et peser avec une prudence extrême ; ici, il est inondé et submergé par le flot des preuves et des témoignages.

Les amis de M. Fustel de Coulanges ont dit qu'il avait conçu la pensée d'écrire l'histoire de 1870. Il fallait l'ardeur de son patriotisme pour lui suggérer ce rêve. Nul doute que, s'il avait appliqué sa méthode à des recherches sur le temps présent, il eût jeté sur les événements une vive lumière. Mais il était incapable de s'arracher aux Gaulois : là était sa patrie historique. Il avait à éclaircir tous les détails de la lutte contre les Romains, et de la lutte contre les Germains ; à étudier l'organisation politique et sociale des trois populations au moment où elles s'apprêtent à s'allier ou à se confondre ; à nous apprendre ce que c'était qu'un consul romain, et une légion romaine ; ce qui constituait la *gens* et la *phratrie;* les *amici*, les clients; comment les magistratures étaient exercées; en quoi consistait la noblesse; d'où venait et comment était organisée la propriété; le rôle du *précaire* dans la propriété; la condition des personnes, les clients, les affranchis, les protégés, les esclaves. Il devait parcourir le même cycle pour les Germains, et aussi et surtout pour les Gaulois; et montrer comment le régime féodal, au lieu d'être importé en Gaule par les Germains tout d'une pièce à la suite d'une victoire, était une formation lente, successive, expliquée par les institutions antérieures, et par les institutions de la Gaule au moins autant que par les institutions des Ger-

mains. La république romaine a été dominée
par la pratique du précaire et de la clientèle,
comme la monarchie du moyen âge a été
dominée par la pratique du bénéfice et de la
vassalité; et c'est pourquoi les deux sociétés,
l'une sous le nom de république, l'autre sous
celui de monarchie, ont été si profondément
aristocratiques. Mais ni le précaire romain,
ni le mundebour germain, ni la clientèle, ni
la recommandation ne constituent un code de
la féodalité. Ce ne sont que les germes d'où
la féodalité est sortie. Elle n'a pas été établie
tout à coup par la conquête. Elle a mis trois
siècles à se former, à se régulariser. La
nécessité d'élucider ces questions ardues, de
porter la lumière sur les alleux et les bénéfices, sur la clientèle civile et sur la vassalité
militaire, lui était imposée par une loi qu'il
lui était impossible d'enfreindre, et qui le
condamnait, quelles que fussent ses aspirations, à vivre avec les Mérovingiens.

Fustel se proposait aussi d'étudier la transformation de la justice féodale en justice

royale : un très grand fait, d'abord par lui-
même, par le caractère de généralité et de
nationalité qui lui est inhérent, ensuite par
la distinction, non encore complète, mais de
plus en plus étendue et constatée, entre les
exigences de l'État mesurées sur ses besoins
et l'affranchissement des actes de la vie privée désormais placée sous le contrôle unique
de la conscience. Le temps lui a fait défaut
pour cette seconde partie de son œuvre, et
c'est surtout sur les origines et la nature de
la féodalité qu'il a répandu la lumière.

Les textes n'abondaient pas pour l'accomplissement de cette tâche. Il en faisait d'abord
le compte. Les voilà : ce n'est pas gros. Ils
contiennent la vérité, ou du moins tout ce que
nous pouvons savoir de la vérité. Il tient beaucoup à ne rien retrancher ; mais il tient encore
plus à ne rien ajouter, et à ne pas souffrir
qu'on ajoute rien. La besogne est multiple,
quoique le bagage soit léger. Il faut d'abord
trouver les textes ; puis en exclure avec soin
tout ce qui n'est pas authentique. Il faut

ensuite les lire, ce qui est à la fois une science
et un art. Quand on les a lus, si toutefois on
les lit, il faut les comprendre. Il y a en premier
lieu la langue, qu'il faut entendre. Savoir une
langue ancienne, c'est un miracle! On croit
les savoir. Nous avons des latinistes qui
croient savoir le latin, parce qu'ils ont lu
tous les auteurs latins, avec tous les glossa-
teurs et tous les commentateurs. Mais savent-
ils à fond l'histoire romaine, les religions
romaines, la condition de la propriété, la condition des personnes, le droit romain, les
coutumes, les superstitions, l'état des sciences
et des connaissances humaines à l'époque
précise où ce mot a été employé, où cette
phrase a été écrite? Quand on a, grâce à
toutes ces ressources, traduit le texte dont il
est question, il faut le comparer à l'ensemble
du passage et du livre, aux habitudes, au
caractère, aux intérêts de l'écrivain, aux
autres textes qui traitent le même sujet. Il
faut surtout, pendant qu'on se livre à ces
opérations, s'abstraire de tout système pré-

conçu ; car, si on est avocat, comment pourra-
t-on être juge ? et chasser l'imagination, car
il s'agit de voir la vérité telle qu'elle est, et
non pas de mettre des visions à la place des
réalités. Fustel de Coulanges fait surtout la
guerre à l'imagination. C'est l'ennemi. Quand
l'imagination se donne carrière, c'en est fait
de l'observation, et par conséquent de la
vérité. Il redoute jusqu'au patriotisme. Prenez garde que vous êtes historien, c'est-
à-dire témoin. On vous demande ce qui est, et
non pas ce que vous désirez qui soit. Il est
possible que vous souffriez par vos propres
découvertes. Il faut savoir souffrir, et faire
souffrir ceux que vous aimez. Vous ne pouvez dire dans vos analyses que ce que vous
voyez ; vous ne pouvez mettre dans vos syn-
thèses que ce qui est dans vos analyses. Le
patriotisme est une vertu ; l'histoire est une
science ; il ne faut pas confondre.

Telle est la méthode préconisée et appliquée, il le croit du moins, par Fustel de
Coulanges. Il faut avouer qu'elle est conforme

à l'austérité et à la majesté de l'histoire. Il faut avouer aussi que ce joug n'a pas été trop pesant pour lui, puisque d'une part ses études, aboutissant à la glorification des Gaulois et de la France, le conduisent où il voulait aller, et que, de l'autre, à force de bien voir et de bien sentir, il expose, dans une langue sobre, claire, précise, des tableaux d'une vérité saisissante et émouvante. Je ne sais pas si, sans cette heureuse rencontre, il aurait réussi à gàrder l'impartialité dont il se vante. Il est moins loin de l'art et moins impartial qu'il ne veut l'être. Sa méthode, comme toute méthode et tout système, souffre des atténuations. Je crois bien, pour ma part, qu'il faut se défier de l'imagination et de la partialité; il faut s'en défier, et il faut en avoir. L'historien qui ne voit que ce qui est prouvé, n'est qu'un ouvrier au service du véritable historien; l'historien absolument impartial peut avoir toutes les qualités d'un grand homme, mais il n'est pas un homme.

Le grand historien devine et ressuscite.

Fustel de Coulanges a deviné, il a ressuscité
la cité antique. Ne renoncez pas au pouvoir
de ressusciter. C'est presque tout Michelet.
Michelet a écrit son histoire de France, en
trouvant et en devinant, en devinant surtout.
Les érudits qui viennent derrière lui découvrent au bout de quelques années qu'il avait
découvert la vérité du premier coup d'œil.
Son livre est souvent un poème, souvent un
roman : avec cette seule différence, qu'il ne
s'écarte pas ou s'écarte rarement de la vérité.
Il a la force de la science et la magie de l'art :
c'est ce qui fait de lui un historien complet.

Mais, direz-vous, Michelet n'est pas impartial. Il ne l'est pas, et je l'en loue. Impartialité, nullité, c'est tout un. La science
n'est pas la mort. Au contraire, c'est la vie.
Vous donnez à l'historien des documents ;
il vous rend des hommes. Je pense avec
M. Fustel de Coulanges, ce grand champion
en théorie de l'impartialité historique, que
dans le récit des guerres de Louis XIV et de
Napoléon « l'histoire française combattait

pour l'Allemagne contre la France »; et je le reproche, comme lui, à l'histoire française; je dis, comme lui, que c'est trop d'impartialité; je voudrais, comme lui, que des écrivains français se fussent moins défiés du sentiment patriotique. Il peut être, dans bien des cas, une lumière. Et quant à l'imagination, dont M. Fustel a peur, et à ce pouvoir de résurrection, qu'il veut retirer à l'historien, je n'en saurais méconnaître ni la puissance ni la grandeur, depuis qu'en lisant la *Cité antique* j'ai vu le père de famille, pontife, législateur, souverain; dépositaire des rites de la famille; gardien du foyer; maître d'admettre ou de rejeter l'enfant que sa femme ou son fils lui présente; excluant, avant le mariage, du foyer, de la religion, de la famille, de l'hérédité et de la tendresse, la fille qui va prendre un époux; recevant l'adopté au nombre des siens, si c'est lui qui adopte, ou l'en retranchant, si c'est lui qui donne; maître des sentiments de la nature, qu'il supprime ou fait naître pour obéir aux rites que la religion prescrit, anneau d'une chaîne sans fin ni commencement, manifestation éphémère d'une réalité permanente et persistante, qui est la famille.

Des deux parties dont aurait dû se composer l'œuvre de M. Fustel de Coulanges, l'une, la *Cité antique*, est achevée et complète; l'autre, l'*Origine des institutions de la France*, quoique représentée par cinq volumes, est restée inachevée. La *Cité antique* a fondé la popularité de M. Fustel de Coulanges. Elle suffirait à sa gloire; c'est l'œuvre d'un maître, d'un grand maître. Il avait d'abord pensé à écrire l'*Histoire des origines* sur un plan analogue, c'est-à-dire en supprimant l'appareil de l'érudition et en se bornant à coordonner les résultats. On ne peut nier que l'effet de cette manière de procéder ne soit saisissant. Le lecteur se laisse aller à suivre les tableaux qu'on lui présente. Ils sont si bien enchaînés l'un à l'autre, ils ont une telle vie, la gravité et la sincérité de l'auteur y éclatent avec tant de force que la conviction entre dans l'esprit sans effort. Le travail ainsi conçu n'aurait comporté que deux volumes ; M. Fustel de Coulanges, qui tenait par-dessus tout à renouveler les procédés de la méthode historique, a voulu en donner un modèle, ou, comme il le dit plus modestement, un exemple. Il a fait comme l'architecte qui a dressé l'obélisque de Louqsor sur la place de la Concorde: il nous a montré les appareils qui ont servi à l'opération. Il travaille pour ainsi dire devant nous. Il écrit le texte; il le lit, il le traduit, il le commente, il le compare. La conclusion ne vient qu'après une longue analyse. Cet exemple sera en effet salutaire; il propagera parmi les historiens une méthode dont les résultats seront excellents. Je me borne à dire que le succès du livre aurait été plus éclatant si M. Fustel de Coulanges avait suivi le plan de la *Cité antique*. Je suis très persuadé qu'il le savait.

S'il avait pris ce parti, il aurait peut-être pu mettre la dernière main à son œuvre. M. Camille Jullian s'est acquitté de sa tâche en homme d'une haute intelligence et en disciple respectueux. Il s'est borné partout où cela a été possible au métier de correcteur. C'est bien Fustel de Coulanges que nous avons sous les yeux. C'est sa doctrine respectée par M. Jullian, lors même qu'il n'est pas d'accord avec son maître ; c'est son style; c'est sa phrase elle-même. Les mots nécessaires, en petit nombre, ont été ajoutés et soigneusement placés entre des crochets.

On a souvent dit que M. Fustel de Coulanges souffrait difficilement la contradiction. Je ne crois pas que ce fût par orgueil. Il défendait ses idées comme un dévot défend ses dogmes. La pensée ne lui venait pas qu'il semblait se défendre lui-même. Cette âpreté dans la dispute se manifesta déjà dans la soutenance de ses thèses pour le doctorat. Il nous en donna aussi un échantillon à l'Académie.

Dans son livre de la *Cité antique*, il avait affirmé que, chez les anciens Germains, la

terre n'appartenait à personne. « Chaque
année, la tribu assignait à chacun de ses
membres un lot à cultiver, et on changeait
de lot l'année suivante. Le Germain était
propriétaire de la moisson ; il ne l'était pas
de la terre [1]. » On ne saurait être plus clair.
L'opinion qu'il émettait alors était d'ailleurs
l'opinion généralement reçue. Quand il se
livra à des études approfondies sur les
origines de la féodalité, il arriva à des con-
clusions contraires. Le sentiment intime
d'être en désaccord dans sa nouvelle théorie
avec la plupart des historiens, et peut-être
la force qu'aurait apportée aux théories de la
Cité antique l'existence de la propriété individuelle chez les anciens Germains, le por-
tèrent à donner à cette discussion une importance toute particulière. Dans un mémoire
lu en 1885 à l'une de nos séances et intitulé :
« Recherches sur cette question : les Germains
connaissaient-ils la propriété des terres ? »

1. *La Cité antique*, livre II, ch. VI, 5ᵉ édition, p. 63.

après avoir rappelé que « le commencement
de la science historique est de douter, de
vérifier, de chercher », il se livre à de longues
études sur les textes de César et de Tacite
qui selon lui ont été mal interprétés, sur les
mœurs et les habitudes des Germains, qui,
dit-il, supposent toutes la propriété individuelle et ne s'accordent nullement avec le
communisme agraire. Il ne va pas cependant jusqu'à soutenir que les Germains ne
pratiquaient en aucune façon le communisme.
Sa conclusion générale est plus circonspecte
et plus conforme aux règles de la méthode
qu'il s'était imposée. « Nous ne pouvons
arriver, dit-il, à une conclusion certaine,
arrêtée, absolue. Du moins, il nous semble
qu'on ne peut plus affirmer comme un axiome
que les anciens Germains aient ignoré la
propriété foncière [1]. »

Il ne l'affirmait pas, mais il le croyait, et
il le montra surabondamment dans la discus-

1. Tome CXXIV des *Mémoires de l'Académie*, p. 66.

sion que son mémoire suscita, et à laquelle
prirent part MM. Geffroy, Glasson et Aucoc.
Son langage devint au cours des débats tout
à fait affirmatif, et en admettant que la terre
avait pu être commune, par exception, dans
certains points et chez certaines peuplades,
il affirma d'une façon formelle que les anciens
Germains connaissaient et appliquaient le
principe de la propriété foncière [1].

M. Glasson, qui avait traité la question dans
son *Histoire du droit et des institutions de la
France*, fut son principal antagoniste. Suivant M. Glasson, les Germains connaissaient
la propriété individuelle pour les meubles,
ils connaissaient la propriété familiale pour
la maison et l'enclos qui l'entoure, mais pour
la terre, ils en étaient restés au communisme. S'ils pratiquaient à certaines époques,
des partages de territoires, ces partages
portaient seulement sur la jouissance et non
sur la propriété.

1. Tome CXXIV des *Mémoires de l'Académie*, p. 141.

Les deux adversaires ne se bornèrent pas aux discussions académiques ; ils publièrent des articles dans différents recueils. M. Fustel de Coulanges résuma la controverse avec une certaine aigreur dans un ouvrage publié par sa famille après sa mort. M. Glasson, après quelques hésitations, publia à son tour un volume intitulé : *les Communaux et le domaine rural à l'époque franque.* Je me permettrai de dire que cette opiniâtreté dans leur opinion les honore l'un et l'autre, et que la verdeur de leurs propos, qui ne va pas sans un très vif sentiment d'estime réciproque, a pour le lecteur quelque chose de fortifiant. Il y a donc encore des gens qui se passionnent pour autre chose que les intérêts de la journée ! Je conseille à ceux qui veulent savoir au juste si la terre était commune chez les anciens Germains, si la moisson de l'année y était une propriété individuelle, et quel est le sens exact du chapitre *De migrantibus* de la loi salique, de lire les deux volumes de M. Fustel de Coulanges et de M. Glasson.

Tout en admirant la profonde érudition et la dialectique serrée des deux célèbres écrivains, ils penseront peut-être comme moi, et comme plusieurs autres ignorants, que plus on élucide la question, plus elle devient compliquée et difficile. En tout cas, ce n'est pas de la science accommodante. Cela sent les polémiques des anciens savants, qui se disaient allègrement leurs vérités, pensant que lorsqu'on est en champ clos, c'est pour se battre.

Notre pauvre ami est mort à cinquante-huit ans, dans l'âge même de l'activité et de la production, ayant plusieurs volumes à la fois sur son métier, comme un homme qui se hâte d'arriver, parce que le temps lui est mesuré. On peut regretter que M. Fustel de Coulanges n'ait pu donner à ces derniers volumes toute la perfection qu'il rêvait pour eux ; et cependant je trouve quelque chose de particulièrement touchant dans cette forme inachevée. Ces livres ont été pris par un ami dans sa main mourante. Les voilà tels

qu'ils étaient sur ce lit de mort. Il semble
que l'auteur en soit plus près de nous.

Et il est tout près de nous. Comment
n'est-il pas ici ? J'éprouvais le même sentiment l'année dernière en vous parlant de
Caro. Caro, Beaussire, Fustel, tous partis
avant leur vieux maître. Il me semble que
je le revois sur ces banquettes, tel que son
successeur nous l'a représenté ; cette figure
pâle et nerveuse, ce front intelligent, courbé
par la fatigue et que relevait incessamment
l'effort de la pensée, cette réserve fière, cette
simplicité imposante, ce ressort de caractère sous des apparences maladives, cette
attitude à la fois méditative et inquiète, ce
regard clair, avide de longues perspectives
et de contemplations sereines, et, en même
temps, cette curiosité, cette impatience de
l'objection, guettée, provoquée, saisie avec
une sorte d'avidité fiévreuse de l'anéantir [1]...

Il avait cherché dans le Midi moins un

1. *Notice sur les travaux de M. Fustel de Coulanges*, par
M. ALBERT SOREL.

allègement à ses souffrances qu'un moyen de continuer à travailler. Je recevais des nouvelles de lui, tantôt directement, tantôt par notre confrère M. Himly. Je les communiquais en particulier aux membres de l'Académie, au lieu de les transmettre publiquement comme cela se fait d'ordinaire. Ce n'était pas pour lui, c'était pour les siens, que je craignais la lecture du journal. Pour lui, il se savait condamné, il le disait simplement, et ne le regrettait que pour sa famille et pour son œuvre. Il y avait longtemps qu'il ne pouvait plus se lever; mais on mettait une planchette devant lui ; on y déposait les livres et les documents qu'il lui fallait et son manuscrit qu'il retouchait et qu'il continuait. Il est mort, à la lettre, en travaillant. L'Institut a déposé sur sa tombe le plus beau prix dont il dispose. Son successeur, M. Albert Sorel, lui a consacré une notice qui est, dans son genre, un chef-d'œuvre. M. Guiraud a raconté sa belle vie avec une émotion touchante, et moi, son

ami et son ancien maître, je viens le dernier,
en votre nom à tous, rendre hommage à ce
travailleur infatigable, à ce bon citoyen et,
ce qui aurait été à ses yeux la louange
suprême, à ce grand historien.

FIN.

TABLE

PARIS. — IMP. P. MOUILLOT, 13, QUAI VOLTAIRE. — 51838.